JN445131

노인교육을 위한

웰빙(Well-being)과 웰다잉(Well dying) 그리고 웰에이징(Well Aging)

이 책은 저작권법에 따라 보호받는 저작물이므로 무단전재와 무단복제를 금지하며, 이 책 내용의 전부 또는 일부를 이용하려면 반드시 저작권자와 동문사의 서면동의를 받아야 합니다. 무단전재나 무단복제 행위는 저작권법 제136조(벌칙)에 의거, 5년 이하의 징역 또는 5천만 원 이하의 벌금에 처하거나 이를 병과할 수 있습니다.

노인교육을 위한

웰빙 Well-being 과 웰다잉 Well dying 그리고 웰에이징 Well Aging

김동일·류철식·박임선·김병남 공저

dm 동문사

PREFACE

머리말

삶을 생각할 때 사람들은 과거와 현재 그리고 미래에 비추어 삶을 생각한다. 어떻게 살아왔고, 이렇게 살고 있고, 앞으로 살게 될 것이라고 한다. 이러한 생각은 사는 것에 초점을 맞추어져 있다. 그래서 잘 살아야 한다. 잘 사는 것이 무엇일까?, 어떻게 살아야 잘 사는 것일까? 라는 의문과 적지 않은 부담감을 가지고 잘 사는 삶에 대해 생각하게 된다. 잘 사는 삶에 대한 사람들은 건강하고 아름답게 하고 싶은 것 하면서 사는 것을 잘 사는 것이라고 결론을 내리게 된다. 이 생각의 끝은 건강하고 하고 싶은 것 하면서 아름답게 사는 것을 잘 사는 것이라고 하게 된다. 2000년도를 전후로 하여 웰빙(Well-being)에 대한 관심이 높아졌다. 사람들은 개인의 건강한 삶을 살기 위해 식단을 조절하고, 규칙적인 운동을 하며, 스트레스를 해소하기 위한 방법을 찾기 시작하였다. 이들은 한 번뿐인 삶에 대해 후회하지 않으려는 최적의 방법을 찾아 노력하고 있는 것이라 할 수 있다. 그런데 아름답고 건강하게 잘 살고 싶은 삶의 가장 큰 바람은 오래 사는 것이라 할 수 있다. 100세 시대를 살고 있는 우리는 여기에서 그치지 않고 이제는 120세, 150세 기대 수명에 대한 바람은 계속해서 이어져 가게 될 것이다. 오래 살 수 있다면 좋은 일이라 할 수 있다. 하지만 오래 살수록 생각해야 하는 것이 있는데, 그것은 '죽음'이다. 인생(人生)은 태어남(生)과 죽음(死) 사이의 여정이다. 그래서 잘사는 것만큼 중요한 것이 잘 죽는 것이다. 삶을 중요하게 생각하는 많은 사람이 잘 사는 것을 강조하지만 '죽음'을 생각하지 않는 삶은 건강하다고 말할 수 없으며, 아름다운 삶이었다고 말하기는 어렵다. 엄마의 뱃속에서 생명이 잉태되는 순간 죽음도 같이 생기게 된다. 제2차 세계대전 당시 1942년에 「베버리지 보고서」의 사회보장제도에 대한 목표를 표현한, '요람에서부터 무덤까지'는 삶에 대해 정확하게 표현된 구호였다고 할 수 있다. 사람들은 죽음에 대해 알고 있지만 애써 두려움으로 외면하거나, 죽음에 대해 터부시하며 생각하는 것을 피하고 있다. 그러나 죽음은 누구에게나 찾아온다. 그렇다면 우리는 죽음에 대해 어떤 태도를 가져야 할까? 잘 사는 방법 못지않게 잘 죽는 방법도 고민해야 한다. 웰다잉(Well-dying)은 잘 죽는 것을 말한다. 어쩌면 잘 죽는 법을 아는 것은 잘 사는 법의 답을 제공해 줄 수 있다고 생각한다.

웰빙(Well-being)과 웰다잉(Well-dying)은 하나로 연결되어 있다. 따로 분리해서 생각할 수 있는 부분이 아니다. 사람은 누구나 살아온 모습으로 죽음을 맞이한다. 결국, 잘 죽었다는 것은 잘 살았다고 하는 말과 같은 것이다. 동해에서 떠오르는 장엄하고 아름다운 태양은 항상 동쪽에만 머무르지 않고 서해로 지는 서쪽의 태양이 아름답고 멋있음을 생각할 수 있음같이 노년은 마음을 비울 수 있는 삶의 좋은 시기(Well-aging)이며, 빈 마음은 더 많은 것을 담을 수 있는 아름답고 멋스러움이 있음을 기억할 수 있기를 바란다.

인간의 수명이 길어지고 고령화가 가속화되면서 노인의 기준에 대한 사회적 논의가 무성하다. 평균수명 연장에 따라 먹고사는 문제, 사람답게 살기 위한 문제, 그리고 하고 싶은 일을 하면서 살 수 있는 환경 등을 모색하려는 시대적인 요구에 응답해야 할 시기이다. 본 교재는 사회적 측면에서 노인교육을 위한 웰빙(Well-being)과 웰다잉(Well dying) 그리고 웰에이징(Well Aging)에 대한 고찰을 통해 모든 인간이 행복한 삶을 영위하기 위해 준비하고 고민하는 과정을 담았다. 이것은 노인의 후기 인생만을 위한 것은 아니다. 누구에게나 인간의 삶은 소중하기에 '나는 누구인가'라는 고민을 통해 뒤돌아보고 어떻게 살아야 하는지의 성찰이 필요하다. 웰빙(Well-being)과 웰다잉(Well dying) 그리고 웰에이징(Well Aging)에 대한 학문적 접근은 아직은 초보적인 단계이다. 하지만 본 교재를 통해 더 좋은 교재가 나오기를 기대하며 시작한다.

2023년 9월

집필자 일동

CONTENTS

차례

Chapter >> 01

노인의 이해

1. 초고령화 사회
2. 노인의 특성

1. 초고령화 사회

1) 시니어의 의미

우리나라는 세대 구분을 노인, 노년층이라는 명칭으로 사용하기도 하지만 서구식 표현인 시니어(senior)를 사용하기도 하며 사전적 의미는 아버지 혹은 연장자, 고위의, 최고학년의, 상급자, 손윗사람, 선임, 선배 등을 의미한다. 시니어는 고령자뿐 아니라 이를 준비하는 세대를 포함하는 더 포괄적인 개념이다. 사회의 일반적 의미는 전통적인 고령자와는 달리 가족 중심주의에서 벗어나 자신에게 투자를 아끼지 않으며 자기계발과 여가활동, 관계 맺기에 적극적이며, 은퇴 후에도 하고 싶은 일을 능동적으로 찾아 도전하는 50대부터 60대라고 설명된다(오현주, 2021). 특히, 육체적으로나 정신적으로 건강하며 안정적인 경제력과 여유로운 시간을 바탕으로 퇴직 후에도 사회적으로 왕성한 문화 활동과 소비 활동을 하는 세대를 일컬어 시니어 세대라고 한다(오현주, 2021). 기존의 고령자가 높은 연령으로 보호받아야 할 대상이라면 시니어는 고령을 준비하고자 하는 보다 적극적인 주체이다(조인선, 2012).

시니어의 정의는 UN이나 영어권의 나라에서는 65세 이상인 사람으로 규정하고 있다. 우리나라는 법규나 제도상으로 노인복지법에 따른 연금수혜자는 65세 이상이며 국민기초생활보장법에도 65세 이상을 노인으로 규정하고 있으며 국민연금법 수혜대상 및 고용촉진법에서 권고하는 평균정년은 60세로 규정되어 있다(최정남, 2015). 우리나라에서는 통념적으로 60세 이상을 시니어로 보는 경향이 있는데 이는 퇴직연령이 일반 기업체의 경우 55세, 일반 공무원은 60세이므로 은퇴 시점을 기준으로 노년기로 보는 것이다(최정남, 2015).

2) 고령화와 초고령화

고령화 사회는 전체 인구에서 차지하는 고령자 비율이 높아지는 것으로 일반적으로 고령화율로 나타내며 고령화율은 65세 이상의 고령자 인구(노령인구)가 총 인구에서 차지하는 비율로 나타내는 것이 보편적이다. 국제연합은 65세 이상의 인구가 4% 미만인 사회를 '연소인구 사회', 4%에서 7% 미만의 사회를 '성숙인구 사회', 7%를 넘는 사회를 '고령화사회(aging society)', 14%를 넘는 사회를 '고령사회(aged society)'라고 한다(김경은, 2020). 또한 고령사회에서 더욱 고령화가 진행된 사회를 초고령 사회(post-aged society)라고 한다.

〈표 1-1〉 UN의 65세 이상 고령화율 기준

구분	기준 내용
고령화사회(aging society)	65세 이상 인구가 총인구 대비 7% 이상의 사회
고령사회(aged society)	65세 이상 인구가 총인구 대비 14% 이상의 사회
초고령사회(post-aged society)	65세 이상 인구가 총인구 대비 20% 이상인 사회

일본 인구의 고령화는 1970년에 7.1%, 1994년에는 14%에 달하였다. 이 고령화는 더욱 진행되어 2025년에는 27.4%에 달할 것이라고 예상된다. 이처럼 일본은 세계에서 1위 수준의 초고령 사회를 맞이하리라 예측된다. 고령화는 세계 각국에서 나타나는 현상이지만 그 정도나 속도는 나라에 따라 다르다. 고령화의 속도를 비교하기 위해 몇 개 국가의 고령화율이 7%에서 14%에 달하는 데 필요한 연수를 살펴보면, 미국은 69년간(1945년부터 2014년), 영국은 46년간(1930년에서 1976년), 독일은 42년간(1930년에서 1972년), 프랑스는 114년간(1865년에서 1979년), 스웨덴은 82년간(1890년에서 1972년)이지만 일본은 24년간(1970년에서 1994년)이다. 이처럼 일본의 고령화는 빠른 속도로 진행되고 있다(김경은, 2020).

〈표 1-2〉 우리나라와 일본의 노인비율 비교

연도	대한민국	일본	연도	대한민국	일본
1950년		4.9%	2010년	10.8%	22.5%
1960년	2.9%	5.6%	2020년	15.7%	28.2%
1970년	3.1%	6.9%	2030년	25.5%	30.3%
1980년	3.8%	8.9%	2040년	34.4%	34.2%
1990년	5.1%	11.9%	2050년	40.1%	36.4%
2000년	7.2%	17.0%	2060년	43.8%	36.5%

출처: 국가평생교육진흥원(2022). 2021 평생교육백서.

인구 고령화는 의료기술의 발전 및 보건환경의 개선에 따른 전 세계적인 인구 현상이다. 그중에서도 우리나라의 인구 고령화 속도는 세계에서 가장 빠른 수준으로, 2021년 16.5%, 2030년 25.5%, 2040년 34.4%, 2050년 40.1%, 2060년 43.8%, 그리고 2070년에는 46.4%로 가파르게 증가할 것으로 예측된다(국가평생교육진흥원, 2022).

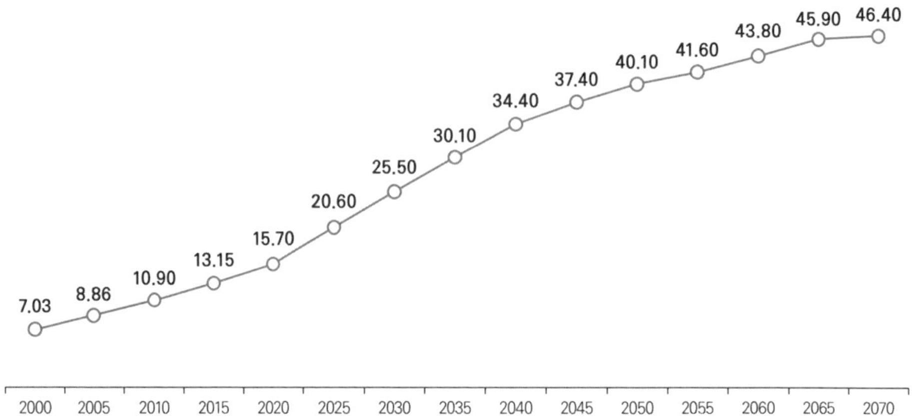

[그림 1-1] 고령인구(65세 이상) 비율 추이

출처: 국가평생교육진흥원(2022). 2021 평생교육백서.

고령화의 요인으로는 저출산과 평균수명의 연장을 들 수 있다. 즉, 출생률이 급격하게 감소함으로써 젊은 층이 서서히 감소하고 상대적으로 전체 인구에서 차지하는 고령자 비율이 높아졌다. 또한 평균수명이 연장되어 사망률이 낮아져 결과적으로 고령자가 증가하여 고령화가 진행되었다. 고령화는 다산(多産)과 다사(多死)의 시대에서 소산소사(小産小死)로의 변화이며, 인구 피라미드가 '피라미드형'에서 '종형'으로 더 나아가 '항아리형'으로 진행된다. 2019년 인구 피라미드는 30~50대가 두꺼운 항아리 형태이며, 2060년에는 고령화로 인하여 60대 이상이 두꺼운 모습으로 변화될 것으로 전망된다(통계청, 2019).

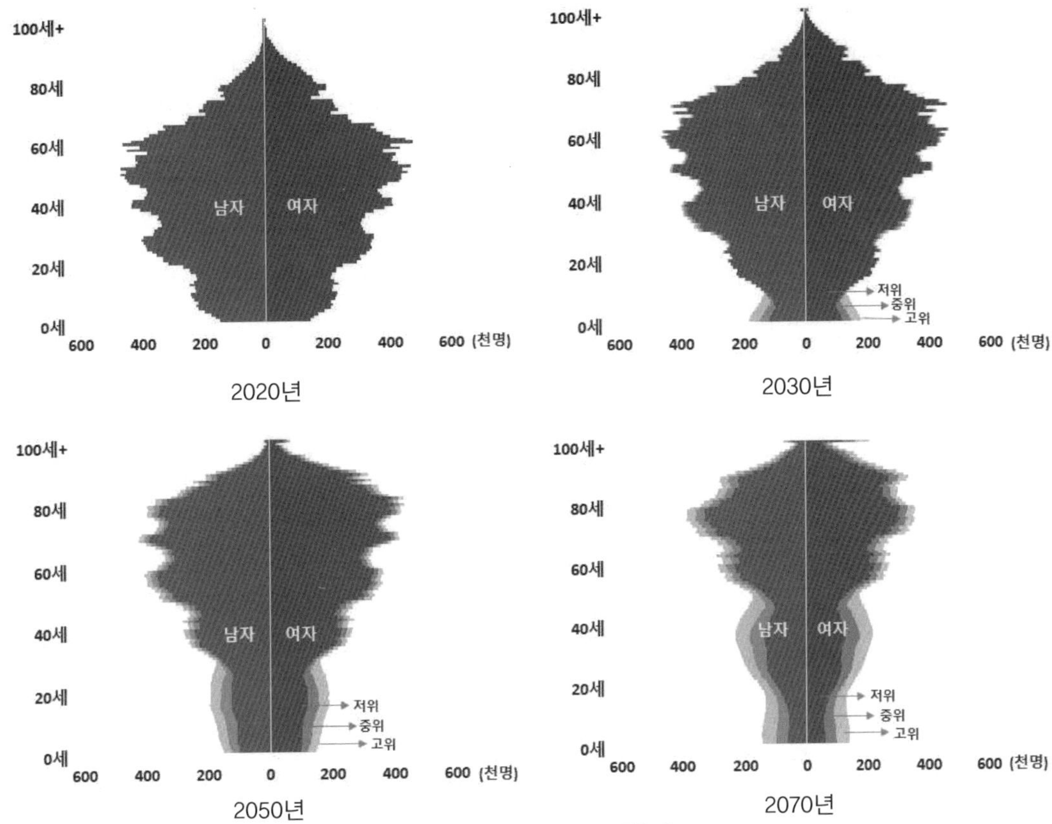

[그림 1-2] 장래인구특별추계

출처: 통계청(2021). 장래인구추계 통계정보보고서. 대전: 통계청.

고령화에 의해 발생하는 문제 또는 현상으로는 노동인구의 고령화, 노동인구의 부족, 가족구조의 변화, 보호 수요의 증가, 연금이나 의료 등의 사회보장 지출의 증가 등을 들 수 있다. 앞서 고령화를 경험하고 있는 스웨덴에서는 다양한 고령화 대책이 강구되어 왔다. 고령(화)사회에 있어서 부족한 노동력을 보충하기 위해 외국인과 여성이 적극적으로 등용되었다. 예를 들면, 외국인에 대한 다른 수준에서 선거권·피선거권을 확보하거나 일하면서 출산·육아가 가능한 제도를 정비하는 등 외국인 환경, 여성환경을 정비하였다(김동일 외, 2021). 또한 고령자가 되어도 모든 사람이 안심하고 생활할 수 있도록 사회보장제도가 정비되어 있다. 재택치료나 치매성 고령자를 위한 보호시설과 다양한 치료가 가능한 주택 등 개인의 수요에 맞는 서비스나 치료가 제공되도록 연구되고 있으며 이러한 사회보장은 국민의 세금으로 지원되고 있다(김경은, 2020). 한편, 일본에서는 고령화에 대응하기 위해 '고령자 보건복지 추진 10개년 전략(골드 플랜, 1989년 12월에 대장성·후생성·자치대신 합의)', '신(新)골드 플랜(1995년 시작, 골드 플랜을 수정한 것)'에 기초하여 각종 재택 서비스나 시설 서비스가 충실히 도모되고 있다(김경은, 2020). 연금제도를 비롯한 고령화를 위한 다양한 제도개혁을 서두르고 있다. 또한 일본의 노동구조는 인구 피라미드가 실제로 피라미드형이었던 시대에 구축된 것으로 '종형이나 항아리형'에는 대응할 수 없게 되었다(최병웅, 2017).

2. 노인의 특성

1) 신체적 특성

노년기에 이르면 신체 각 기관의 기능이 약화되며, 정신적 관련 능력도 점차 퇴화한다. 노년기는 초로기(初老期), 노화기(老化期), 노쇠기(老衰期)로 나눌 수 있으나 개인차가 크고, 기능이나 기관의 감퇴는 반드시 일정하지 않으므로 분명하게 나이로 구분하기는 곤란하지만 대체로 45~50세부터 향로(向老)과정이 시작되므로 45~55세를 초로기라 하고, 65~75세를 노쇠기의 문턱으로 보며, 그 사이를 노화기라고 한다(김동일 외, 2021).

노화(aging)는 '시간이 흐름에 따라 유기체의 세포, 조직, 기관조직 또는 유기체 전체에 일어나는 점진적 변화(Beaver, 1983)'라고 정의된다. 즉, 출생에서 죽음에 이르는 전반적인 과정으로써 생물학적 과정 중에 퇴행적 과정을 의미하다(양옥남, 김혜경, 박화옥, 정순돌, 2016). 생물학적 노화는 질병이 없다고 하더라도 누구에게나 일어나는 과정으로 다음과 같은 특징이 있다(Strehler, 1977).

첫째, 모든 사람에게 보편으로 일어난다. 특정 질병처럼 나타나는 것이 아니며 시기나 진행 속도 등 약간의 차이가 있지만 누구에게나 일어나는 변화이다.

둘째, 신체 내적인 원인에 의한다.

셋째, 장기적·점진적으로 진행된다. 갑작스러운 사고나 질병에 의한 변화는 정상적인 노화가 아니다.

넷째, 생물학적 노화는 신체의 기능을 약화하고 결국에는 생명을 마감하게 된다.

다섯째, 개인 혹은 개인의 신체 기관별로 노화의 차이가 있다. 같은 연령일지라도 노화의 정도는 차이가 있고, 개인에게 시력, 청력, 지각능력 등 부문별 노화의 정도가 다르다.

신체의 주요 구성성분을 지방, 조직, 뼈, 수분으로 나눌 때 나이가 들면서 지방은 늘어나고, 조직은 줄어들고, 뼈는 거의 변화가 없으며, 수분은 상당히 줄어들게 된다(최성재, 장인협, 2006).

신체 내부 기능 중 소화 기능은 나이가 들면 치아의 손상, 침과 위액 등 소화효소의 감소, 위의 연동 활동의 약화로 소화 기능이 감퇴한다. 따라서 고령의 경우 씹지 않아도 소화가 잘되는 유연한 음식물이나 장운동을 돕는 섬유질을 섭취하는 것이 좋다. 호흡 기능으로 폐는 노화와 함께 탄력성이 떨어지고 흉곽이 경직되어 호흡 작업과 호흡 횟수가 증가한다. 따라서 노인들은 저산소증이나 고탄소증을 보이는 경우가 있다. 또한 위·식도 하부의 조임근 장애로 기도흡입이나 역류가 증가한다. 기도나 폐포의 방어기능이 저하되어 폐렴 등의 질환에 노출된다. 이러한 호흡 기능의 감퇴로 기관지 질환이나 호흡기 감염이 많아진다. 순환기능으로 혈관벽 내의 탄력성 감소와 콜라겐의 증가로 혈관벽이 두꺼워지고 굳어져 혈액순환을 저해하고 혈압을 상승시킨다. 이러한 고혈압은 뇌졸중, 심장병, 심근경색, 협심증, 관상동맥경화 등의 위험을 증가시킨다. 신장의 기능 저하로 소변 속에 당과 단백질이 섞여 나오게 되고 방광 용량이 줄어들고 조직이 노쇠하면서 요실금도 발생한다. 근심 걱정, 가족 간의 갈등, 죽음에 대한 공포 등으로 쉽게 나타나는 우울증, 신경증 증상 등으로 불면증이 나타나는데 노년기는 충분한 숙면은 매우 중요하며 이를 위해서는 낮에 적절한 신체·정신적 활동을 하는 것이 훨씬 효과적이다(이해영, 2019). 내분비계는 갑작스러운 스트레스로 인해 신체적·심리적 균형이 깨어졌을 때 원상태로 회복되는 능력이 감퇴한다. 이는 적절한 생리적 균형상태를 유지하기 위한 기능이 제대로 작동하지 않기 때문에 질병이나 사망의 원인이 되기도 한다(윤진, 1991).

2) 심리적 특성

(1) 지능

인지기능 중에서 지능(intelligent aspect)은 새로운 것을 학습할 수 있는 능력 또는 환경에 적응하는 능력을 의미한다. 지능에는 유동적 지능과 결정적 지능이 있는데 두 가지 지능이 연령에 따라 다른 양상을 보인다. 유동적 지능은 선천적으로 갖고 태어난 것으로 감각, 정확성, 기억능력, 반응속도 등으로 20~30대에 절정을 이루다 70세 이후부터 급격히 감퇴하고, 결정적 지능은 획득한 추론능력, 어휘력 등이며 60세까지 꾸준히 증가한 것으로 나타나고 있다(Schaie, 1990). 노년기에 지능이 갑자기 감퇴하는 것이 아니라 교육수준, 세대 간의 차이, 경제적 지위, 건강상태 등의 요인과 더불어 복잡하게 작용하고 있다(김윤재, 이주용, 2017).

(2) 학습능력 및 기억력

학습능력은 연습이나 경험을 통하여 정보나 기술을 습득하는 것을 말하며 실제로는 주어진 과제에 관해 설명을 들은 후 수행하는 결과로써 측정된다. 하지만 노화로 인해 학습능력이 저하되었다고 해서 학습할 수 없는 것은 아니다. 노인의 학습능력을 증진하기 위해서는 충분한 시간과 의미 있고 구체적인 보상이 주어지도록 제시하여야 하며 즉각적인 환류를 제공해야 한다.

기억력은 외부에서 들어온 정보를 기록해서 대뇌피질에 저장했다가 어떤 상황이 되면 의식적으로 회상하는 것을 말한다. 노화로 인한 기억력 약화는 형태에 따라 정도의 차이는 있으며 장기기억보다 단기기억과 최근 기억이 크게 약화한다. 또한 기계적인 암기보다 논리적인 기억력이 더 많이 감소하고 들은 것의 기억이 본 것의 기억보다 더 많이 약화한다.

(3) 창의성

창의성은 자기실현이나 새롭고 독특한 것을 생각해 내고 실행에 옮기는 능력으로 연령과 창의력의 관계는 종사하는 분야에 따라 상당한 변수가 있다. 창의성은 동기, 압박감, 노력, 보상 등에 의해 크게 영향을 받음으로 개인 간의 차이가 다양해질 수 있다.

(4) 정서 및 성격

성격은 일반적으로 그 사람의 행동양식이나 가치의식을 결정짓는 개인의 욕구와 동기, 태도라고 할 수 있다. 미성숙한 방어기제는 사용빈도가 줄어드는 반면, 승화와 같은 성숙한 방어기제는 더욱 증가는 경향이 있다고 하였다(Jones & Meredigh, 2000; Costa & McCrae, 1989). 노년기의 성격은 나이가 들수록 투사, 공격성 등이 나타난다. 그러나 노년기의 성격이 연속성과 안정성을 유지한다는 주장과 변화한다는 주장이 동시에 제기되고 있다. 반면 윤진은 노년기에 나타나는 특징적 성격 변화를 다음과 같이 제시하고 있다(윤진, 1996).

① 우울증의 경향: 노인이 되면 스트레스의 양은 줄지만, 대부분 부정적인 스트레스를 받게 되어 우울해지는 경향이 있다. 스트레스의 요인으로는 노화현상의 심리적 부담, 불면, 체중감소, 강박 등이 있다.

② 내향성 및 수동성: 노화로 인해 외부에서 생겨나는 자극이나 변화 흐름에 반응하는 것보다 자신의 사고나 감정에 의해 사물을 판단하게 된다. 신체 및 인지능력의 감퇴는 능동적인 노력보다 의존적인 수동성이 증가하여 무사안일하게 지내려는 경향(수동성)이 강해진다.

③ 경직성의 증가: 어떤 태도, 의견, 문제해결에 이득이 없음에도 체험했던 방법을 고수, 지속하려는 경향이 있다. 도전보다는 안정성과 체면을 중시하려는 이유가 생각을 경직되게 한다.

④ 조심성의 증가: 노인이 되면 신체적인 퇴화로 인해 조심성을 가지게 되고, 실수하지 않기 위한 세심한 주의를 하게 된다.

⑤ 성 역할 지각의 변화: 내재하였던 반대 성의 성향이 나타나게 되는데, 여성은 남성 성향이 나타나고 남성은 여성 성향이 나타나게 된다.

⑥ 애착심: 정서적 안정감을 위해 사용해 온 여러 가지 친숙한 물건들에 대한 애착이 생겨난다. 특히 낯선 환경이나 물건에 대해 거부감을 느끼게 된다.

⑦ 유산을 남기려는 마음: 자신의 자취를 남기고자 하는 갈망이 있다. 예를 들면, 자손, 작품 기술, 예술 등 다양하다.

⑧ 의존성: 경제적 의존성, 신체적 의존성, 정신적 의존성, 사회관계의 의존성 등이 있는데, 물질적 의존성보다 심리적 의존성에 대한 욕구가 더 많다.

⑨ 과거에 대한 회상의 증가: 노인들은 과거를 재조명하여 의미를 찾아보며 이렇게 살았다는 자신의 흔적들에 대해 긍정적, 부정적인 해석을 하게 된다. 긍정적인 과거 회상은 노인들의 자존감을 높일 수 있다.

⑩ 시간 전망의 변화: 40세 이후부터 시간 전망의 변화가 나타나는데 남아 있는 시간을 계산하고 시간이 얼마 남지 않았다는 사실을 회피하기 위해서 과거에 대한 회상에 집중하거나 미래지향적으로 된다.

노년기에 이르면 대부분 사회적 신분을 상실하거나 경제 능력이 저하되어 빈곤 문제로 열등감뿐 아니라 소외감과 고독감을 느끼기도 한다. 그로 인해 가져온 환경의 습관 형태가 새로운 시기의 습관 형태로 바뀌는데 그 때문에 욕구불만에 빠지거나 부적응을 일으키기 쉽다. 또, 육체적 · 정신적 · 심리적으로 기능이 쇠퇴하여 건강하지 못하기도 하며 활동력이 낮아져 자주성을 잃고, 의존성이 증대한다. 이처럼 노년기는 개인적인 적응이나 사회적인 적응에 있어서 많은 문제가 제기되기 때문에 가정과 사회에서의 충분한 배려가 있어야 하며 노인 자신도 자립심과 자율성을 유지하는 데 시간과 노력이 필요하다(한수정, 2020).

노년기는 청년기와 동일하게 주관성이 강해진다. 청년기의 주관성은 주로 경험 부족에서 오는 경우에 비해 노년기의 주관성은 과잉된 경험에서 온다. 흔히 노인은 완고하다고 하는데 지나치게 자신의 과거 경험을 내세우기 때문이다.

미국의 정신의학 방면에서 노인 환자를 대상으로 조사한 인격에 관한 임상적 소견을 보면 ① 건강 및 경제적 불안정에 대한 고뇌, ② 생활에 대한 부적응감에서 생기는 불안 · 걱정 · 죄악감, ③ 고독감, ④ 의심과 질투심, ⑤ 흥미가 줄어드는 데서 오는 내향성(内向性) 및 신체적 쾌락에 대한 흥미의 증대, ⑥ 활동적인 것에 대한 흥미의 감퇴와 앉아서 하는 일에 대한 관심의 증대, ⑦ 성충동의 감퇴, ⑧ 보수성, ⑨ 조건의 변화에 대한 적응 곤란, ⑩ 과거에 대한 장황한 이야기, ⑪ 잡동사니 모으기, ⑫ 회고적인 태도, ⑬ 완고성, ⑭ 단정하지 못한 몸가짐 등이다(김동일 외, 2021). 그러나 이것은 환자뿐 아니라 일반적인 노인에 대하여 말할 수 있고, 그러한 특성을 취사선택하여 최근에는 정신적인 면에서 노화도 측정지표라는 것이 작성되고 있다.

노인의 인격 구조는 '주관화(主觀化)'한다고 말할 수 있다. 이러한 관점에서 인생의 주관화 시기를 3세 전후의 유아반항기, 청년전기(青年前期)의 사춘기, 갱년기, 노년기의 4시기로 나눌 수 있다. 즉, 각각의 시기에 특유한 인격구조를 가짐과 동시에, 적응 행동이 곤란하여 생기는 욕구불만, 특히 정서적 · 사회적 스트레스에 의한 욕구불만이 강력한 시기라 할 수 있으며, 인생에 있어서 위기라고도 말할 수 있다. 일반적으로 인생의 변환기에 있어서는 인격구조 · 생활구조 · 태도 · 습관의 전환이 강요되는 데서 강력한 저항을 경험하게 되는데 사춘기는 자아의 발견에 의하여 그것이 가장 강력하게 나타나는 시기이다. 노년기 역시 그와 마찬가지로 불안·불만·저항이 현저한 시기라고 말할 수 있다. 그러므로 노인에 대한 심신의 보건위생, 생활의 위안지도(慰安指導)를 통하여 개인적·사회적 요구를 가급적 만족시켜, 욕구불만을 최소로 줄이는 것이 노인학에 요구되는 실천적인 요청이다(두산백과 두피디아, 2023; 김동일 외, 2021).

한편 노년기 이전인 성인중기에서 성인후기의 성격 변화는 다른 사람에 대한 배려를 들 수 있다. 이것은 샤이의 연구결과로부터 알 수 있는데, 연구의 한 변인으로 인간적 관심(humanitarian concern)을 포함했다. 이 변인에 대한 점수는 성인초기와 중기 사이에는 감소하다가 성인중기와 후기 사이에는 꾸준히 증가한다(Schaie & Parham, 1976). 연령에 따른 성격 변화는 다음과 같다.

〈표 1-3〉 연령에 따른 성격 변화

연령	성격 변화
40~65세	• 자기주장, 인지적 수행, 성취 지향성, 자율성이 중년기에는 최고의 수준에 달하고, 그 이후부터는 이러한 특성이 감소하기 시작함 • 자신에 대한 개방성이 높은 수준임. • 성숙한 방어기제 사용은 증가하고 미성숙한 방어기제 사용은 감소 • 자발적 자선활동은 최절정이지만 인간적 배려와 관용은 중간 수준임 • 중간 수준의 강건함
65세 이상	• 자기주장, 인지적 수행, 성취 지향성, 자율성 등 중년기 최고 수준 감소 • 이 시기에는 개방성이 유지된다거나 증가한다는 증거가 없음 • 이론상 성숙한 방어기제의 사용이 증가한다고 하지만 그에 대한 증거 없음 • 인간적 관심과 관용이 최고의 수준임 • 최고 수준의 강건함

출처: 권두승, 조아미(2016). 평생학습사회 실현을 위한 성인학습 및 상담(3판). 재구성.

3) 사회적 특성

(1) 경제적 빈곤

65세 이상의 노인 인구 중 절반 이상이 절대적 빈곤에 시달리고 있으며, 경제적 자립을 이룰 수 있는 노인은 10% 정도에 이른다. 노인의 빈곤 원인은 낮은 교육에 대한 기술력 낙후, 노령으로 인한 노동력 저하로 새로운 직종에 부적응, 부양의식의 변화를 들 수 있다.

(2) 질병과 장애문제

60세 이상 노인은 만성 환자율과 이환율이 3배 이상 높다. 노인병의 경우 만성적이고 장기적인 치료를 해야 하는 경우가 많으며, 전체 노인의 86%가 당뇨, 관절염, 고혈압 등 만성 퇴행성 질환자로 나타난다.

(3) 역할상실과 고독

끊임없이 변화하는 기술과 지식에 적응하는 역량이 떨어지면서 사회의 중심부에서 주변부로 밀려나는 위치로 전락되며 지위가 상실되는 역할상실은 고독으로 연결된다. 로소우(Rosow)는 일생을 통해 사회적 지위와 역할의 종류, 수, 중요성이 달라진다고 하며, 그는 노인의 역할에 대하여 다음과 같이 분류한다(Rosow, 1967).

첫째, 제도적 역할이다. 공적인 지위를 맡고 그 지위에 따른 책임과 의무가 부여됨을 의미한다. 나이가 들어갈수록 이러한 제도적 역할 수행은 상실하는 경우가 많다.

둘째, 희박한 역할이다. 지위는 있으나 그 역할이 미비한 경우를 의미한다. 희박한 역할이 증대됨에 따라 제도적 역할은 상대적으로 낮아진다.

셋째, 비공식적 역할이다. 공식적인 지위는 없으나 역할만 요구되는 형태이다.

Chapter >> 02

노인 발달이론

1. 에릭슨의 심리사회적 이론
2. 하비거스트의 노년기 발달
3. 레빈슨의 노년기 발달
4. 로에빙거의 자아발달이론

1. 에릭슨의 심리사회적 이론

에릭슨(Erikson)의 심리사회학적 발달이론은 '인간이 전 생애에 걸쳐서 성장함으로 생물학적·환경적 영향에 완전히 순응하는 존재가 아니다'라고 한다. 개인의 성장이 인생의 전 과정에서 완성되도록 노력하는 존재라고 보았다. 에릭슨은 중년기를 35~50세로 보았으며 발달과업이 잘 이루어지면 생산성(generativity)을 발전시키게 되지만 반대의 경우에는 침체성(stagnation)을 갖게 된다. 침체성이란 성인이 다음 세대를 위하여 자신이 한 일이 아무것도 없다는 것을 깨닫게 되는 것이다. 생산성을 발달시키는 데 실패하면 개인은 침체감(stagnation)에 빠지게 되며 일상에서 따분함을 느끼게 되고 우울증 성향이 강해져 대인관계나 또래관계가 거의 상실된다고 보았다. 심리학자들은 중년기를 인생의 정점으로 보았으며 자신에 대한 성찰이 가장 많이 일어나는 시기로 보았다. 중년기에는 주로 다음 세대를 가르치거나 지도하는 데 매우 적극적으로 참여하고 사회봉사 등을 통해 사회성을 발휘하여 후세대를 이끌어 가는 돌봄의 역할도 수행한다(Ryff, 1984). 또한 50세 이상의 시기를 노년기로 보았으며, 노년기에 성공적인 발달과업을 이루게 되면 자아통합감(ego-integrity)을 달성하게 되지만, 반대의 경우에는 절망감(despair)을 가지게 된다고 보았다. 노년기는 신체적으로 노화가 진전되어 신체는 노쇠해지며 직업에서 은퇴하고 친한 친구나 배우자 등의 사망을 경험하면서 무력감에 빠지기 쉽다. 따라서 노년기에 노인들이 죽음을 앞에 두고 자신이 살아온 삶을 되돌아보는 성찰적 행위를 통하여 자신의 부족한 부분을 보충하고 관용을 베풀며 성숙한 인격자가 되어야 할 것을 발달과업으로 제시하였다. 노년기에 발달시켜야 하는 미덕은 '지혜'로 이는 죽음에 직면했을 때 나타나는 인생 자체에 대한 초연한 관심으로 보았다(정옥분, 2021). 지혜는 노년기에 지적인 힘이기도 하지만 심리적인 자원이 되기도 한다. 노년기에는 나의 삶이 타인과는 구별되는 고유한 것이었다는 것을 발견할 때, 후회 없는 삶을 수용하게 된다고 보았다. 시니어들은 삶의 유한성을 깨닫고 시간이 흐를수록 죽음에 가까이 간다는 무력감이나 좌절감에 빠지기보다는 자기의 삶을 되돌아보고 통합성, 일관성, 완성성을 느끼려고 노력한다고 본다. 따라서 중년기의 발달과업을 달성한 사람은 이 시기에는 성취감과 만족감을 느끼고 자기의 삶을 성찰하게 되어 자신의 결손 부분을 보충하여 완성도가 높은 인간이 되려고 노력하는데, 이것을 자아통합감으로 보았다. 즉 자아통합감이란 인생을 성찰해 보고 자신의 정체감을 새롭게 확립하는 과정이라고 볼 수 있다. 자아통합감을 발달시키게 되면 평온한 노년을 보낼 수 있으며 다가오는 죽음을 의연하게 맞을 수 있다고 보았다. 노년기에 원망, 상실감 그리고 삶에 대한 불만족감이 쌓이게 되면 자신이 원하였던 삶을 살지 못했다고 느끼거나 실망감에 빠져 다른 사람에 대한 비난이 늘어난다. 자기의 삶이 무의미했다고 느끼는 사람은 절망하게 된다.

〈표 2-1〉 에릭슨의 심리사회학적 발달이론

발달단계	시기	연령	특징	중요관계	주 역할	기본 덕목
생산성 vs 침체성	중년기 (장년기)	25 ~ 50세	• 직업적 성취, 학문적·예술적 업적을 통하여 생산성 형성 • 자식 낳고 후세 교육에 관심 • 생산성: 주로 다음 세대를 지도하는 관심으로 나타남 • 지도과정에 참여할 수 없는 사람 →침체감과 자기 골몰에 빠짐	• 직장생활 • 집안일 분배	출산, 양육	배려
자아 통합감 (통일성) vs 절망감	노년기	50세 이후	• 통합: 자기 자신과 또한 자기 생활을 그렇게 살아왔어야 하는 것이었고, 또한 다른 어떤 것으로도 대체할 수 없는 것으로서 받아들이는 것 • 인류와 민족을 생각함 • 인생에 대한 무력감을 느낌	• 인류, 민족	실존 확립, 현실 수용	지혜

출처: 김동일 외(2022). 성인교육을 위한 성인학습 및 상담. 서울: 동문사.

따라서 인생을 마무리하는 단계에서 자아통합감이란 자기의 지나간 일생에 대해 그런대로 만족하고 최선을 다해 노력해 온 의미 있는 일생이었다는 느낌이 들 때, 달성하지 못한 일보다 이룩한 일과 행운에 대해 감사한 자세를 가질 때 생기는 것이다. 이에 반하여 자기의 인생이 무의미하게 흘러갔으며 성공할 기회를 놓쳤고 이제 황혼기에 접어들어 다시 시작하기에는 때가 너무 늦었다고 탄식하게 될 때 절망감이 나타나게 된다. 이런 경우에는 흔히 지나온 인생에 대한 불만이 쌓여 모든 것을 불운했다고 여기며, 우울증 경향에 빠져 자신 혹은 타인을 원망하면서 괴로운 노년기를 보내게 된다(윤진, 2003). 이 단계를 성공적으로 극복한 결과는 지혜이다. 지혜는 한 시대를 살아오면서 얻은 지식으로서 인생에 대해 초연하면서도 적극적인 관심을 가지는 것을 의미한다. 이와 반대로 이 단계에서 실패한 결과는 인생에 대해 무의미를 느끼는 것이다(이인정, 최혜경, 1995). 에릭슨의 발달이론으로 노년기는 신체의 노화와 인생의 종점을 향하는 시기로 절망스러울 수 있지만 자아통합감으로 인하여 자신의 삶을 되돌아보며 삶에 대해 평가하게 됨으로써 삶의 의미를 새롭게 발견하고 의미를 다시 생각하게 되는 긍정적인 효과도 기대할 수 있다(구희정, 2023).

2. 하비거스트의 노년기 발달

하비거스트(Havighurst)는 에릭슨의 영향을 받아 인간발달에는 단계마다 누구나 습득해야 할 행동형태가 있으며 그것을 습득하게 되면 다음 단계에서도 잘 적응할 수 있으나 제대로 습득하지 못했을 때는 적응하는 과정에서 장애나 불행을 경험하게 되고 사회적으로도 부적응 상태에 놓이게 된다는 의미에서 발달과업(developmental tasks)을 주장하였다(Havighurst, 1972). 하비거스트의 노년기에는 신체적 쇠퇴를 인지하고 건강한 신체를 유지할 것을 중요하게 생각한다. 정신적인 측면에서는 은퇴와 수입의 감소, 배우자 사망에 적응해야 할 것을 강조하였다. 사회적 측면에서는 또래와 친밀한 관계를 맺는 일, 사회적으로 시민의 책임을 수행하는 일, 만족할 만한 생활 조건을 갖춰 가야 할 것을 강조하였다. 하비거스트가 제시한 단계별 발달과업과 관련하여 성인학습자의 중년기, 노년기 발달과업을 구체적으로 살펴보면 다음과 같다(이현림, 김지혜, 2006).

〈표 2-2〉 성인학습자의 발달단계별 주요 발달과업

발달단계	발달 과업
중년기	• 성인으로서 사회적 책임 수행 • 생활의 경제적 수준의 확립 유지 • 자녀가 신뢰할 수 있는 부모로서 협력 • 성인의 여가생활에 적극적으로 참여 • 하나의 인격자로 자기 배우자와 관계 맺음 • 중년기의 생리적 변화를 인정하고 이에 적응 • 연로한 부모를 공경
노년기	• 체력과 건강의 쇠퇴에 대하여 적응 • 정년퇴직과 수입의 감소에 대하여 적응 • 배우자의 사망에 대하여 적응 • 동년배 노인들과 친밀한 관계 형성 • 사회적이고 공민적인 책임을 이행 • 만족할 만한 생활조건을 구비

출처: 이현림, 김지혜(2006). 성인학습 및 상담(2판). 서울: 학지사. 재구성.

하비거스트의 발달과업이 교육에 시사하는 바는, 교사나 지도자가 학습자의 발달 정도와 발달과업을 파악하고 이해함으로써 그들이 당면한 문제가 무엇인지 확인하고 잘 해결해 가도록 조력할 수 있으며, 교육적 노력이 투입되어야 할 시기를 결정하는 데 필요한 기초자료를 제시해 준다(이현림, 김지혜, 2006).

3. 레빈슨의 노년기 발달

예일대학교 의과대학 임상심리학과 교수였던 레빈슨(Levinson)은 그의 동료들과 함께 산업체의 일용직 근무자, 기업의 간부, 교수, 소설가 등 40명의 남성을 대상으로 이들의 깊이 있는 정기적 면담을 통하여 『남성 인생 4계절』(The Seasons of a Man's Life)이라는 책을 발간하였다.

레빈슨의 『남성 인생 4계절』에서는 인생 시기를 아동기와 청년기, 성년기, 중년기, 노년기로 구분하고 인생의 주기를 봄, 여름, 가을, 겨울의 사계절로 비유하였으며 각 인생의 시기 사이에 성인초기 전환기, 성인중기 전환기, 성인 후기 전환기를 설정하여 설명하였다. 레빈슨의 이론에 있어서 핵심적인 개념인 인생 구조(life structure)는 특정 시기의 개인의 인생에 있어서 강조되는 패턴이나 디자인을 의미하며 인생 구조의 주요 구성요소는 다양한 타자들과의 관계로서 배우자, 자녀, 직장상사와 동료, 교회나 클럽과 같은 사회적 구조나 의미 있는 집단도 포함된다(Levinson, Darrow, Klein, Levinson, McKee, 1978). 레빈슨의 발달과제는 성인의 인생과정에서 변화하기 때문에 인생 구조는 전 생애에 걸쳐 안정적일 수 없으며 안정적인 인생 구조 시기와 전의 생활구조가 재음미 되고 적응이 되며, 변하는 전환기가 번갈아 나타나는 것이라 했다(Levinson, Darrow, Klein, Levinson, McKee, 1978). 성인 전기의 아동 및 청소년기는 만물이 소생하는 봄처럼 성장하는 시기이고, 성인초기는 성장이 절정에 이르는 여름처럼 인생의 목표와 꿈을 실현하려 노력하는 시기이며, 중년기는 결실을 보는 가을처럼 성취의 절정에서 지나온 삶을 되돌아보고 잘못된 것을 수용하면서 삶의 균형을 찾는 시기이다. 그리고 노년기에는 휴식과 재탄생을 준비하는 겨울처럼 지나온 삶을 정리하면서 다가오는 죽음을 준비하며 의미 있는 삶을 위해 마지막 노력을 하는 시기이다(심은정, 김은영, 변복수, 석미정, 최혜경, 2013).

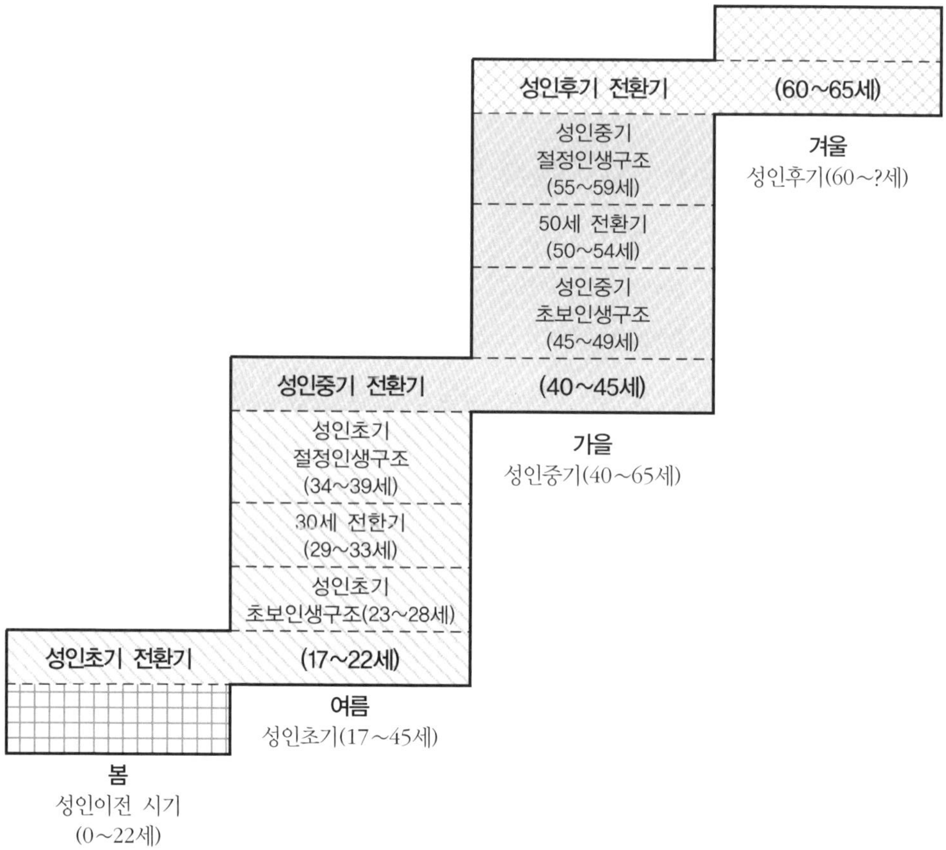

[그림 2-1] 레빈슨의 인생주기 모형

출처: 권두승, 조아미(2016). 평생학습사회 실현을 위한 성인학습 및 상담. 재구성.

위의 **[그림 2-1]**에서 보는 바와 같이 인간의 삶은 네 계절로 나누어지고 각 계절의 기간은 20여 년으로 잡는다. 20년의 삶은 아동기와 사춘기로 채워진다. 두 번째 20년을 성인초기라 하며, 세 번째 20년을 성인중기라 하고, 마지막 네 번째 20년(20년을 채우지 못하고 죽거나 더 살거나 하지만)을 성인후기라 부른다. 레빈슨은 계절과 계절 사이에 약 5년간 겹치는 기간을 설정하고 있는데 이 기간을 전환기 또는 과도기라고 본다. 이 전환기들은 문자 그대로 한 계절에서 다음 계절로 옮겨가는 중간 단계이다. 그리고 각 계절은 세 단계로 나누어진다. 첫 단계는 그 계절의 구조를 수립하는 단계로서 특정 계절의 도입기에 그 계절에 적응하도록 자리를 찾고 관계를 수립하며 자기 삶의 형태를 구성하는 기간이다. 두 번째 단계는 새롭게 형성된 삶의 구조를 검증하고 수정하는 기간이다. 세 번째 단계는 그 계절의 전성기로서 자기 삶의 의미 있는 일들의 결실을 수확하고자 한다(이효주, 2003). 레빈슨이 말하는 발달단계란 자아나 능력과 같은 부분적인 것의 발달이 아니라 생활구조 전체의 발달을 의미한다(이현림, 김지혜, 2006). 즉 성인의 삶은 '안정성'이라는 개념보다는 '변화'라는 개념으로 표현됨이 마땅하다.

〈표 2-3〉 레빈슨의 발달단계별 발달과업

발달단계	연령	발달 과업
중년기	40~44	중년의 과도기, 지난 시간을 돌아보고 변화를 모색함
	45~49	새로운 선택을 통해 생활구조를 만드는 과제
	50~54	중년 안정기, 인생 절반의 과도기 과제를 실행함
	55~59	중년기 제2의 생활구조를 구축하는 시기
노년기	60~65	노년기에의 과도기
	65 이후	생활주기에서 중요한 전환기로 작용

출처: 기영화, 최성우, 이기성, 전주성, 박경실, 외(2013). 평생교육론. 서울: 학지사. 재구성.

레빈슨은 성인들이 각 계절에 내포된 세 단계를 거쳐 갈 때마다 발달한다고 주장한다. 다시 말해서 각 단계가 다 특수 발달과업과 연관되어 있다는 말이다.

각 단계에 많은 변화가 일어난다. 그러나 한 단계에서 다음 단계로 움직여 나가는 데 필수적 요건은 새 발달과업의 수행을 위해 시작해야 하고 삶의 새로운 구조를 수립해야 한다. 레빈슨 조사연구의 가장 중요한 발견은 성인의 발달과업이 연령과 밀접히 연관된다는 사실이다. 모든 사람이 꼭 같은 시간의 연속성을 따라가는 것은 아니지만 계절별 연령 변이가 5~6년 이상을 넘지 않는다. 레빈슨은 이 중에 40~65세인 중년기를 가장 중요한 시기로 보았으며 대부분의 경우에는 생물학적 능력이 감퇴하지만, 사회적 책임은 더 커진다. 레빈슨은 중년기의 발달 단계별 과업을 **〈표 2-4〉**와 같이 제시하였다(Levinson, Darrow, Klein, Levinson, & McKee, 1978).

〈표 2-4〉 레빈슨의 중년기 발달단계별 과업

발달단계	연령	발달 과업
성인초기에서 중년기로 전환	40~45세	• 성인초기와 중년기의 교량 역할 • 전 단계에 수립했던 인생 구조의 목표달성 여부 평가
중년기로의 진입	45~50세	• 새로운 직업을 구상하거나 현재의 일을 심층적으로 구성해보거나 재혼 등을 생각하고 새로운 인생 구조를 수립
50세 전환기	50~55세	• 30세 전환기와 유사한 기능함 • 중년기 인생 구조의 위기에 대비
중년기의 안정기	55~65세	• 중년기의 토대를 구축하고 안정을 찾는 시기 • 자신의 역할 변화를 성공적으로 수행하게 되면 만족스러운 중년의 시기를 보내게 됨

출처: 정옥분(2021). 발달심리학: 전생애 인간발달(3판). 서울: 학지사. 재구성.

인생의 마지막 단계에 있는 노인들은 죽어가는 과정을 이해하게 되며 자기 죽음을 준비한다. 이전 단계의 끝 무렵에는 다음 단계의 새로운 시작과 삶에 대한 새로운 이유를 기대했지만, 이제는 죽음이 곧 다가온다는 것을 알고 있다. 자기 죽음의 시각을 알 수 없지만 노인들은 죽음의 그림자와 죽음의 부름 속에서 사는 것이다. 이 시기에 노인들은 자신에 대한 궁극적인 관심과 인생의 정의에 대해 마지막으로 정리하게 되는데 레빈슨은 이것을 삶의 마지막에서 하게 되는

"다리 위에서의 조망(one's view from the bridge)"이라고 말했다. 이것은 에릭슨의 자아 통합감과 비슷하다. 최종적인 과업은 자아와 화해로서 자신을 알고 사랑하며 버릴 준비를 하는 것이다(정옥분, 2009). 에릭슨과 레빈슨의 발달이론을 살펴본 것은 죽음을 받아들이는 데 있어서 개인차가 있듯이 죽음에 대한 인식이 발달단계에 따라 다르게 나타난다는 것을 알 수 있기 때문이다. 그래서 심리학자들은 죽음에 대한 인식과 태도 또한 발달단계를 지나오면서 형성된다고 보는데, 앞서 말한 레빈슨의 인생 계절론에 바탕으로 한 생애주기 이론은 개인의 발달단계가 어느 한 독특한 문화에만 제한된 것이 아니라 보편적으로 타당하다고 주장하고 있는데 이것은 실상 각 문화의 특성에 따라 달라질 수 있기 때문에 문화를 초월하여 보편적이라고 보기가 어렵다. 또한 단계에 따라 인생의 구조가 변화한다는 주장에도 취약한 부분이 있다. 환경과 단계가 달라지면 인생의 구조가 변화한다는 것이 필연적이지만, 인생의 구조가 변화되었기 때문에 안정기를 넘어서서 스스로 파괴되는 새로운 구조와 내용을 가지게 된다. 이것은 성인기가 그렇게 안정된 시기가 아니라는 것을 보여주고 있으며 비록 '변화'가 있다고 말하지만 그러한 변화가 어떤 방향으로 나아가는가에 대한 '방향'의 문제는 다루지 않고 있다(윤진, 2003). 따라서 에릭슨과 레빈슨의 전통적인 이해들은 지금의 시대를 살고 있는 성인후기 노인들에게 적용하기에는 다소 무리가 있는 것은 신체적, 사회적, 문화적 등 여러 부분에서 과거와는 큰 차이가 있기 때문에 노인에 대한 인식을 다시 정립할 필요가 있다(구희정, 2023).

4. 로에빙거의 자아발달이론

로에빙거(Loevinger)는 인간의 전 생애주기 동안 일어나는 인간발달이나 인격의 성장에 관해 관심을 가지고 연구하였다(Loevinger, 1970). 로에빙거 외에 의하면, 경험에 있어서 의미를 찾는 것은 자아의 중요한 기능의 하나라기보다는 자아의 본질 혹은 자아의 기능이라고 하였다(Loevinger, Wessler & Redmore, 1970).

로에빙거의 자아발달은 출생부터 성인기를 통하여 10개의 단계를 거치면서 이루어지게 되는데 자아발달단계는 전사회적 단계, 공생단계, 충동적단계, 자기보호단계, 동조자단계, 자기자각적 단계, 양심적 단계, 개인적 단계, 자율적 단계, 그리고 통합적 단계로 이루어져 있으며, Erikson의 이론처럼 발달은 한 단계 한 단계씩 이루어진다(Loevinger, Wessler & Redmore, 1970). 하지만 다음 단계 이동은 현 단계의 발달을 완전히 이룬 후에 가능하며 같은 연령대라도 그가 속한 자아발달 단계는 다른 성인들과 다를 수도 있다. 이 단계들이 우리가 모두 거쳐야만 하는 길과 같고 이동속도와 도달하는 마지막 단계는 개인마다 매우 다르다(Loevinger, Wessler & Redmore, 1970). 이러한 로에빙거의 자아발달 이론 10단계는 **〈표 2-5〉**와 같다(가영희, 성낙돈, 안병환, 임성우, 2017; 권두승, 조아미, 2016).

〈표 2-5〉 로에빙거의 자아발달이론

단계	내용
1단계 전 사회적 단계	• 전 사회적 단계로 자아가 없는 세상과 구별되지 않음
2단계 공생 딘계	• 공생 단계로 자기외 비자기를 구별함
3단계 충동적 단계	• 인과관계로 인식하고 보상과 처벌에 의한 현재 중심적 판단을 함 • 진정한 자아 기능이 낮은 수준에 있음
4단계 자기보호 단계	• 보상과 처벌을 예상하며 자기통제가 시작되고 비난을 표출함
5단계 동조자 단계	• 순응주의자 단계라고도 함 • 청소년들이 사회적인 인정과 수용에 관해 관심을 가지며 적당한 집단규칙을 수용하고 소속감을 통해 안정을 느낌
6단계 자기 자각적 단계	• 규범 및 기대로부터 자기 자신을 구별하고 내적 생활이 시작됨 • 자신의 개성과 다른 사람의 개인차를 인식하기 때문에 상호작용이 민감함 • 자아 비판적이고 반성하는 태도를 보이면서 사회 규칙이나 가족의 기대에 수용하고 따르지 않는 것에 대해서 죄책감이나 외로움을 느끼기도 함

단계	내용
7단계 양심적 단계	• 내적 자아의식이 더욱 분명해지고 행동보다 감정과 동기가 더 중요함 • 자기를 존중하고 타인에 대해 인내심과 책임감이 있으며 공감 능력 있음 • 개인 간의 세계에 대한 좀 더 복합적인 견해 등장 • 양심적인 사람은 전의 단계들의 특성처럼 더 기회주의적이지 않음 • 내적 자아의식은 더욱더 분명해져서 내적이고 도덕적인 추동력이 집단의 규칙보다 더 중요하게 됨 • 사람을 다른 요구, 다양한 행동 패턴, 독특한 특성을 가진 존재로 인식
8단계 개인적 단계	• 개인을 독특한 존재로 인식하고 존중하며, 타인에 대한 인내심 증가 • 타인에 대한 의존성 문제로 갈등이 생기며, 물질적 · 정신적인 독립에 대한 갈등을 겪게 됨. 즉, 물질적 · 정신적인 독립을 추구하게 됨 • 각각의 개인은 독특한 존재로 인식되며, 그들의 결점이나 장점이 분명히 지각됨. 다른 사람에 대한 의존의 문제로 새로운 갈등 시작 • 참을성이 있고 모순을 이해하고 과정에 대해 흥미를 느끼고 갈등적인 정서를 자각함
9단계 자율적 단계	• 개성을 존중하고 타인의 장단점을 수용 • 흑백논리로 판단하지 않으며, 객관적이고 차별적으로 타인을 존중 • 다른 사람들의 개성을 존중하고 다른 사람과의 관계에서 풍요함을 발견함 • 그의 결점이나 실패도 수용하며, 삶에 있어서 갈등과 역설을 수용 • 복합적 · 객관적 · 차별적 · 자아실현적이고 다른 사람들을 존중
10단계 통합적 단계	• 이 단계에 이르는 성인은 소수이며, 자아통합과 자아실현을 하는 단계 • 에릭슨의 자아통합 단계와 매슬로의 자아실현 단계와 비슷하며, 책임감과 자아 정체감이 강하고 개인의 욕구와 사회의 현실을 통합하며 현명함 • 현명하고 더 감정 이입적이고 내적 갈등을 화해시킬 수 있고 개성을 소중하게 생각하고 정체감을 발견하는 역할을 조화시킬 수 있음

출처: 권두승, 조아미(2016). 평생학습사회 실현을 위한 성인학습 및 상담. 재구성.

성인발달에 관한 연구를 보면 엄격하게 연령을 규정한 단계이론으로 성인들의 실제 생활에 맞지 않는다는 것을 알 수 있는데, 반면 로에빙거 이론의 장점은 단계와 특정한 연령을 결부시키지 않았다는 것이다. 성인들은 같은 연령대에 있다고 하더라도 서로 다르며, 이러한 차이를 묘사하는 데 도움을 준다(권두승, 조아미, 2016).

Chapter >> 03

웰에이징을 위한 웰빙

1. 웰빙
2. 웰에이징
3. 건강과 운동
4. 경제관리
5. 정서관리
6. 노인문화예술교육
7. 일 관리

1. 웰빙

웰빙(well-being)은 순우리말로 '참살이'라고 한다. 정신적, 육체적인 건강과 행복, 복지와 안녕을 의미하고, 사회적 의미는 물질적 부가 아니라 진정한 삶의 질을 강조하는 생활 방식을 가리킨다. 현대 산업사회에서 사람들은 대부분의 시간을 부(富)를 축적하는 데 소비하며 살아왔다. 살아온 현대인들의 몸과 마음이 질적으로 풍요로운 삶을 추구하고자 하는 열망이다. 그러다 보니 물질적 부와 정신 건강의 불균형을 가져와 인간 소외감과 우울증, 심한 경우 정신적 공황을 겪기까지 한다. 웰빙은 이러한 현대사회의 병폐를 인식하고, 육체적·정신적 건강의 조화를 통해 행복하고 아름다운 삶을 영위하는 것을 목적으로 한다.

1980년대는 경제적 풍요와 사회적 성공을 강조하였다. 하지만 물질적 풍요에 비해 정신적 만족을 찾지 못한 사람들이 늘어나면서 1990년대에 들어 정신적 풍요와 행복, 자기만족이 삶의 중요한 척도로 부상하기 시작했다. 이러한 의식과 구체적인 행동 방식을 총체적으로 가리키는 말이 바로 웰빙이다. 웰빙은 미국 중산층이 첨단 문명에 대항해 자연주의, 뉴에이지 문화 등을 받아들이면서 대안으로 선택한 삶의 방식이다.

1980년대 중반 유럽에서 시작된 슬로푸드(slow food) 운동, 1990년대 초 느리게 살자는 가치를 내걸고 등장한 슬로비족(slow but better working people), 부르주아(Bourgeois)의 물질적 실리와 보헤미안(Bohemian)의 정신적 풍요를 동시에 추구하는 보보스(bobos) 등도 웰빙의 한 형태이다[1]. 그러나 웰빙은 2000년 이후에 더욱 본

---

1) 웰빙을 추구하는 인간의 삶도 역사와 함께 진행되었다. 18~19세기 부르주아(Bourgeois)에서 대항하는 보헤미안(19세기), 히피(1960년대), 보보(1990년대), 힙스터(2000년대), 노마드(2010년대)의 도전을 받아 새로운 스타일의 문화가 형성되기도 하였다. 보헤미안(Bohemian)은 예술과 자연에서 물질의 대안을 찾는다. 히피(hippie)는 본격적으로 물질주의에 반기를 들고 적극적으로 자연과 커뮤니티 가치를 추구한다. 부르주아와 보헤미안의 변증법적 결합을 의미하는 보보(bobos)에게 가장 중요한 탈물질은 인권, 환경, 그리고 사회적 책임이다. 히피 운동의 후계자로 볼 수 있는 힙스터(Hipster)는 도시에서 독립적이고 창의적인 경제 영역을 구축한다. 힙스터에게 중요한 가치는 창조적인 방식으로 대량 생산, 대량 소비의 대안을 모색하는 것이다. 공유경제의 부상으로 확산되는 노마드(Nomade)는 이동성(Mobility)에서 자신의

격적으로 등장하여 사용하는 용어가 되었다. 웰빙은 같은 취향을 공유하는 소비자 및 생산자와의 연대 소통을 즐기며, 자신이 아는 사람이 자신이 사는 지역에서 상품과 서비스를 선호한다. 즉, 웰빙은 '복지 · 행복 · 안녕'을 의미한다. 문종린은 그의 저서 『인문학, 라이프스타일을 제안하다』에서 웰빙 대신에 '라이프 스타일'이라는 중심어로 웰빙의 의미를 제시하기도 하였다. 그는 '일상을 여유롭게 즐기고 이웃과 소통하는 삶'이라고 하면서 이러한 삶이 직업과 일의 방식을 선택하는 데 중요한 요인이 된다고 하였다(문종린, 2023).

웰빙은 신체적으로 질병이 없는 건강한 상태뿐 아니라, 직장이나 공동체에서 느끼는 소속감이나 성취감의 정도, 여가생활이나 가족의 유대, 심리적 안정 등 다양한 요소들을 척도로 삼는다. 모든 것이 조화를 이루어 한쪽으로 치우치지 않은 상태가 웰빙이다. 웰빙을 추구하는 사람들을 '웰빙족'으로 부르는데, 그들의 특징은 고기 대신 생선과 유기농산물을 즐겨 먹고, 단전호흡 · 요가 · 암벽등반 등 마음을 안정시킬 수 있는 운동을 하며, 외식보다는 가정에서 만든 슬로푸드를 즐겨 먹고 여행 · 등산 · 독서 등 취미생활을 즐긴다.

한국에서도 2003년 이후 웰빙문화가 확산되어 웰빙족을 겨냥한 의류 · 건강 · 여행 등 각종 상품이 등장하고, 인터넷에도 웰빙 관련 사이트가 나타났다. 웰빙 먹거리는 '건강'과 '친환경'에 초점을 맞추어 나타난다. 유기농 야채와 곡물로 신선한 건강식을 추구하고 육류보다 생선을 즐기고 화학조미료와 탄산음료, 술, 담배 등은 지양한다. 대신 몸에 좋은 허브차나 좋은 와인을 마신다. 웰빙은 음식에 대한 컬러의 개념도 바꾸어 놓았다. 이른바 '블랙푸드'다. 원래 검은색은 식감을 떨어뜨리기 때문에 음식에서는 기피하는 색으로 여겨졌다. 하지만 최근 소비자들이 건강 지향적인 먹거리를 선호하게 되면서 블랙푸드는 틈새시장을 공략할 수 있는 새로운 아이템으로 주목받고 있다. 블랙푸드 바람이 가장 활발한 음료시장에서는 검은콩이나 검은깨를 이용한 검은콩 우유, 검은깨 칼슘 두유 제품들

정체성을 찾는다. 이 중에서 가장 적극적으로 물질과의 공존을 추구하는 것은 보보다. 노마드는 공유적 생산과 소비를 통해, 즉 새로운 방식으로 물질적 성공을 추구한다. 힙스터 또한 자본주의를 전면적으로 거부하기보다는 자본주의 내에서 독립적인 영역을 개척한다(문종린, 2023).

이 등장했다. 웰빙 경향은 화장품에도 나타난다. 화장품은 몸에 직접 바르기 때문에 제2의 먹거리로 인식된다. 웰빙 화장품은 단지 기능성 위주의 화장품이 아니라 천연재료, 오염되지 않은 재료를 사용한 것이다. 무방부제, 무알코올, 무색소, 무향료, 무광물성을 사용하거나 유기농의 친환경 재료를 사용한 화장품을 의미한다. 패션에서는 몸을 구속하지 않는 편안한 실루엣, 천연 소재를 사용하여 자연미를 강조한 스타일이 있다. 바지 위에 사롱 스커트(sarong skirt)를 입거나, 스커트 또는 바지 위에 긴 재킷이나 베스트를 입어 자연스러움을 표현한 디자인이 주를 이룬다. 소재는 대부분 면이나 마 같은 천연 소재를 사용한다. 가구에도 웰빙은 적용된다. 2010년 봄 신제품 발표회에서 BIF 보루네오 가구 신응선 연구소장은 "모든 디자인의 끝은 휴머니즘입니다. 가공되지 않은 소박하고 순수한 자연주의, 두드러지지 않은 자연주의를 통해 친숙하고 편안한 자연의 멋을 추구함으로써 궁극적으로는 실사용자의 내면적 안식을 제공하고자 하였습니다"라고 디자인 콘셉트를 설명했다. 이를 위해 친환경 신소재로 개발 완료된 옻도장, 세계 최초로 개발된 녹차 마감재를 옷장, 거실장, 책상 등 전 품목에 걸쳐 적용해 인간의 질적 건강을 강조한다.

고도의 현대 문명과 산업사회의 발달로 편리하고 풍요로운 생활을 누리고 있는 인간은 오늘날 인간성 상실과 기계 중심적 사고 등 많은 문제점에 노출되어 있다. 이에 인간은 진정한 삶의 회복을 원하는 웰빙 경향이 더욱 강해지고 있다. 이는 경제력을 바탕으로 단지 잘 먹고 잘사는 외형적 삶만을 추구하는 것이 아니라 나름의 방식으로 자신의 정신적 만족을 추구하며 행복을 찾고자 하는 현대인의 소망이다.

〈표 3-1〉 웰빙 평가지수

1. 삶의 여유를 가지고 하는 편이다.
2. 스트레스를 잘 다스리는 편이다.
3. 대체로 긍정적인 사람이다.
4. 음식을 절제하고 잘 가려 먹을 줄 안다.
5. 육체적으로 정신적으로 건강하다고 생각한다.
6. 하고 싶은 일을 하기에 충분한 에너지가 있다.
7. 웰빙을 통해 자기만족을 얻고자 노력한다.
8. 자신만의 웰빙을 정의할 수 있다.
9. 좀처럼 남의 탓을 하지 않는 편이다.
10. 시적 유행에 휩쓸리지 않고 자신을 움직이는 좌우명을 가지고 있다.

※ 7개 이상에 동의하면 웰빙족

출처: http://contents.kocw.or.kr/contents3/html/eduup/2010/07/07/chap01/term.htm

2. 웰에이징

웰에이징(well aging)은 직업이나 일에서 은퇴하여 유유자적한 생활을 보낼 시간을 적극적으로 재검토하자는 생각에서 붙여진 용어이다. 만숙기(later maturity), 프로덕티브 에이징(productive aging) 등도 같은 맥락이다. 한 인간이 태어나서 성장하고 사회의 일원으로 설 때까지를 인생의 제1기, 사회인으로서 일하며 자녀를 키우는 시기를 인생의 제2기, 그리고 다음은 제3의 인생(the third age)으로 구분하면서 붙여진 말이다. 이 시기를 '여생'이라고 불렀지만, 최근에는 소극적인 삶이 아닌 적극적인 생활태도로 노령기를 보내자는 의미이다. 이를 실현하기 위하여 세계 각국에서는 고령자의 자기개발, 자기실현을 목적으로 하는 프로그램이 시행되고 있다.

우리 사회가 이렇게 고령화의 급류를 타게 되자 늙음과 노인에 대한 관심이 커지고 있다. 지금은 생산 가능 인구 6.2명이 노인 1명을 부양하고 있다. 그렇지만 저출산이 계속된다면 2050년에는 생산 가능 인구 1.4명이 노인 1명을 부양해야 한다. 이러한 문제는 고용, 투자, 보험과 같은 '돈' 문제에 멈춰 서 있다.

우리나라 노인들에게 시간적 · 경제적 여유가 있을 때 가장 하고 싶은 것이 무엇이냐고 질문하였더니 대부분 여행이라고 하였다. 지금 65세인 남성 노인은 앞으로 17.2년, 여성노인은 21.6년이라는 시간이 남아 있다. 그렇지만 현실적으로는 그 방대한 노인들의 여유 시간을 채워주고 있는 것은 여행보다는 미디어다. 노인들은 어떻게 미디어를 벗 삼아 지낼까? 우리나라의 노인과 외국 노인들의 미디어 라이프에는 어떤 공통점과 차이점이 있을까?

고령사회를 위한 노인 커뮤니케이션 미디어 연구(에이징 커뮤니케이션, 2007)에서는 커뮤니케이션이라는 큰 틀보다는 미디어에 관점을 두었기 때문에 면대면 커뮤니케이션에 대한 부분은 다루지 않았지만, 노인들의 미디어 라이프를 제대로 알아가려면 간단하게라도 노인, 늙음, 노년기에 나타나는 특성을 알아야 한다.

노년기에 찾아오는 노화로 인한 신체적 · 감각적 변화는 정도의 차이는 있지만, 시력, 청력, 메시지 전달, 촉각, 반응속도, 인지능력, 기억력 등이 쇠퇴하기 마련이다. 이러한 변화는 노인 자신, 노인과 커뮤니케이션하는 상대방, 미디어 이용에도 영향을 준다.

첫째, 시력의 쇠퇴는 미디어 이용에 지대한 영향을 미친다. 나이가 들면서 각막, 동공, 수정체의 구조적 변화로 망막에 빛을 전달하고 조정하는 능력이 감소한다. 시야가 좁아지고 빛이나 색에 대한 민감도가 떨어지게 된다. 이에 따라 물체가 흐리게 보이고 작은 글씨를 읽기 어려워진다. 어둠이나 섬광 속에서 사물을 잘 구분하지 못하게 된다. 빠르게 움직이는 텔레비전 · 영화 · 게임 화면이나 자막과 숫자 읽기가 어려워지고 책을 읽는 속도도 느려진다. 복잡한 곳에서 무엇을 찾아내는 것이 힘들어진다. 이탤릭체나 장식체, 흘려 쓴 글씨체보다는 크고 선명한 글씨체를 선호하게 된다.

둘째, 청력 감퇴는 30세 이후로 서서히 진행된다. 그래서 시력과는 달리 자신의 청력 손상을 스스로 깨닫지 못하는 경우가 많다. 감각적 난청인 경우에는 고음을 잘 듣지 못한다. 기계적 난청은 모든 음을 듣는 능력이 떨어진다. 신경성 난청은 말소리를 구분하지 못하며, 신진대사형 난청은 큰 소리로 말해야만 알아들을 수 있다. 노인들은 때때로 생활소음이 더욱 강렬하게 전달되는 보청 현상이나 귀 울림 현상으로 고통을 느끼기도 한다. 고음의 여성 목소리보다는 저음의 남성 목소리가 분명하게 전달된다. 청각에 기반을 둔 라디오·전화 등은 청력 감퇴, 보청기 사용 여부 등에 영향을 받게 된다.

셋째, 촉각과 반응속도도 둔화한다. 나이가 들면서 피부 진동 및 피부 압력에 대한 민감성이 약해져 노인들은 접촉 강도가 높아야 접촉 감각을 느낀다. 촉각은 혈액 순환과 관련이 있다. 노화가 진행되면 모세혈관의 순환 장애가 생기고 피부 표면에 있는 촉각 수용기 혈액이 원활하게 공급되지 않는다. 또한 자극에 대한 반응 속도가 늦어져 행동 둔화로 이어진다. 반응 능력은 26세 이후 점진적으로 감소한다. 단순 반응에 비해, 여러 자극에 각기 다르게 반응해야 하는 선택적 반응이나, 반응을 생각해서 결정해야 하는 복합적인 반응의 경우 시간이 더욱 지연된다. 촉각과 반응은 전통적인 미디어 이용에서는 그다지 동원되지 않았던 감각이다.

그러나 스마트폰 등이 손가락 터치로 작동되면서 해당 미디어를 이용하는 필수적인 감각으로 자리 잡았다. 일반적으로 나이가 들면 시력이 좋아도 빠르게 스쳐 지나가는 자극이나 형태 지각을 잘 인지하지 못하거나, 정보 처리 과정에서 장기간 주의를 집중하기가 어려워진다. 어휘력, 일반지식, 이해력은 연령의 영향을 적게 받지만, 속도를 요구하는 능력은 연령 증가와 함께 감퇴하기 때문이다. 이와 더불어 노년기의 정서적 변화, 역할 변화, 연령 효과, 코호트 효과 등을 고루 파악하면 더 좋을 것이다.

3. 건강과 운동

노년기는 아동기, 청소년기 및 장년기와 다르게 운동 시 특히 주의해야 한다. 나이가 들면서 인체의 모든 기능이 떨어질 뿐만 아니라 생활을 영위하기 위하여 다른 사람에게 의지해야 하는 경우가 있기 때문이다. 이러한 신체적 퇴보는 심리적으로도 자신감을 떨어뜨려 운동을 수행하고자 하는 동기마저 저하되는 요인이 될 수 있다. 또한 다른 연령대와 비교했을 때 운동 및 일상적인 신체활동 중에 낙상으로 인한 부상이 염려되기 때문에 낙상 방지를 위한 주의도 요구된다.

1) 심혈관계 강화를 위한 운동

노인을 위한 운동 처방은 주로 심혈관 체력, 저항성 트레이닝 및 유연성 요인을 강화할 수 있는 내용을 중점적으로 다루어야 한다. 나이가 들면서 최대산소섭취량은 꾸준히 감소하여 그 수준이 젊은 시절의 절반에도 못 미친다고 한다. 따라서 노인들은 심혈관 체력을 기르기 위해 매일 규칙적으로 30~40분 동안 중·저 강도의 운동 프로그램을 가지고 운동을 하도록 권장한다.

노인들의 운동 형태는 격렬하거나 관절에 무리를 주는 종류는 피하도록 한다. 신체적, 정신적으로 스트레스가 적고 체중부하가 적은 운동이 권장되며, 운동을 위한 접근성이 용이해야 하고, 흥미가 있어야 하며, 다른 노인들과의 유대감을 높일 수 있는 운동이나 단체적인 요인이 가미된 것들이 좋다.

노인의 운동은 스포츠센터나 별도의 프로그램으로 운동을 하는 것보다 기초적인 생활 속의 움직임을 통한 활동 형태가 좋다. 이러한 활동은 노인들의 일상적인 움직임의 능력을 높여주며, 개인의 여가선용과 육체적, 정신적, 사회적 상태에 긍정적인 영향을 줄 수 있기 때문이다.

2) 근력 증강을 위한 운동

노인에게 근력은 심폐지구력만큼 중요한 요인이기 때문에 근력 운동을 통하여 근력 유지 및 근육 단백질의 양적인 감소를 예방해야 한다. 그리고 낙상은 노인들에게서 자주 볼 수 있는 사고인데, 노인들에게 낙상은 치명적이며 또한 완전한 회복이 어려울 수도 있으므로 낙상을 방지하기 위해 근력을 향상해야 한다.

근력을 높이기 위해서는 운동의 강도, 빈도, 지속시간을 고려한 저항 트레이닝을 실시해야 한다. 먼저 큰 근육을 사용하는 운동을 선택하여 최소 1세트 정도는 실시하도록 하고, 개인의 운동자각 정도에 따라 10~15회 정도의 반복 횟수로 실시한다. 이러한 운동을 통해서 저항성 운동 트레이닝의 효과가 나타나면 반복 횟수와 저항(웨이트)을 증가시켜 전체적으로 조금씩 부하를 늘려가도록 하되, 1회 저항성 운동을 실시하고 나면 다음 운동까지 약 48시간의 휴식을 취하도록 하고, 근력 운동은 일주일에 2회 정도 실시하는 것이 적당하다.

3) 노년기 신체활동

운동은 신체활동 중에서 체력을 유지, 향상을 목적으로 하여 계획적이고 의도적으로 실시하는 반복적인 신체 움직임을 말한다. 운동함으로써 얻을 수 있는

효과는 신체적(생리적) 효과, 심리적 효과, 사회적 효과가 있다. 신체적인 효과는 유산소 운동으로 인하여 순환계, 호흡계, 근육계, 골격계에 영향을 주어 노화를 예방하고, 성장과 발달을 촉진한다. 심리적인 효과에는 긴장을 이완시켜 스트레스와 불안을 감소하여 기분 상태를 개선하는 데 효과가 있다. 마지막으로 사회적 효과는 규칙적인 운동을 통하여 사회적 환경에 적극적으로 참여할 가능성이 높아 새로운 인맥 생성과 교류를 촉진한다. 또한 신체활동(운동)을 통하여 사회에서 적극적인 역할을 유지하는 것과 새로운 긍정적인 역할을 맡는 데 필요한 에너지를 제공할 수 있다.

〈표 3-2〉 건강한 노인을 위한 신체활동

노인 신체활동
• 1일 7,000~8,000보 이상 걷기 • 1일 중강도 활동시간 15~20분 이상(너무 힘들지 않을 정도의 땀이 약간 흐를 정도) • 좌업 생활을 줄이고, 외출이나 사회활동을 통해 일상 신체활동을 증진

출처: 정수봉, 금명숙, 이준영, 신승아(2000). 2021 에듀윌 스포츠지도사. 서울: 에듀윌.

4) 노년기 영양

풍부한 영양이 균형 있게 들어 있는 음식을 먹어야 한다. 이를테면 백미보다 현미를 섭취하고 열매 맺는 채소와 오염되지 않은 식물을 먹어야 한다.

먹는 방법은 고기와 곡식, 채소의 비율을 정해놓고 1:5:2의 비율로 섭취하는 것이 좋다. 천천히 씹어서 삼키는 것도 중요하다. 천천히 씹게 되면 침이 분비되어 소화를 돕고 살균작용까지 할 수 있어 약 40회 정도 천천히 씹어 삼키는 것이 좋다. 음식을 절제하면 모든 것을 절제할 수 있다는 말처럼 과식하지 않는 것도 좋은 식사 방법이다. 물에 들어 있는 산소, 효소, 비타민, 미네랄, 전해질은 신진대사를 일으켜 독소를 제거하기 때문에 물을 자주 마셔줌으로써 스트레스를 받을 때 혈액이 탁해지는 것을 방지할 수 있다.

노년기는 나이가 들어가면서 각 신체 기관의 노화가 진행되는데, 미각, 후각 및 시각이 둔해지면서 식사를 통해 느끼는 즐거움과 활동이 감소하고, 구강 상태가 불량해져서 치아에 문제가 생길 경우 정상적인 식사는 더욱 힘들어진다. 또한 위산분비 감소, 위 내 소화시간 지연, 소장의 효소분비 감소, 소화관 연동운동의 저하 등에 따라 영양소의 소화와 흡수가 영향을 받는다. 체성분도 변하면서 근육조직은 감소하고 지방조직은 늘어나며 활동량과 운동량이 줄어들게 되는데, 이는 소화 기능과 식욕을 떨어뜨려 영양 상태를 더욱 나빠지게 만든다. 따라서 건강한 노년기를 보내기 위해서는 영양섭취에 각별한 관심을 가져야 한다. 적절한 식사, 적당하고 규칙적인 운동, 금연, 최소량의 음주, 스트레스 관리 등이 필요하며, 신체 상태를 주기적으로 점검하는 것이 필요하다.

(1) 섭취 열량

하루 섭취 열량은 노인 남성의 경우 2,000㎉ 정도, 노인 여성은 1,600㎉ 정도로 젊은 성인보다는 열량을 줄이고 영양의 질이 좋은 식사가 권장되고 있다.

(2) 단백질 섭취

연령 증가에 따른 근육량 감소, 혈장 단백질인 알부민 합성 감소 등을 고려하면 노년기 단백질 섭취의 중요성은 더 커지며, 단백질 섭취의 부족은 근육량의 감소, 면역기능 저하, 상처 회복의 지연 등을 일으킬 수 있다. 따라서 노인에게도 일반 성인과 같이 체중 1kg당 0.8g의 단백질 섭취가 필요하며 노인 남성은 50g 정도, 노인 여성은 45g 정도 섭취하도록 한다.

(3) 비타민 및 영양소 섭취

노인의 섭취량 감소와 더불어 위장관 흡수의 저하는 비타민 B1, B2, B6, B12, C, D 및 칼슘, 철분, 아연 등의 영양소가 결핍을 일으킬 수 있다. 비타민 B12 결핍은 노인 신경계통에 영향을 미칠 수 있으며, 철분과 엽산의 결핍과 함께 노인 빈혈의 원인이 될 수 있다. 엽산은 신선한 녹색 야채와 브로콜리, 오렌지, 아보카도, 간, 콩류, 정백하지 않은 곡물, 견과류에 많으며 비타민 B군과 철분은 대개 동물성 식품에 풍부하다. 칼슘과 비타민 D는 골밀도를 유지하는 데 꼭 필요한 영양소이다. 칼슘은 샐러드, 배추, 케일, 시금치, 브로콜리 등 잎이 푸른 채소와 우유, 요구르트 등 유제품, 멸치 등의 뼈째 먹는 생선, 미역, 다시마 등에 풍부하게 함유되어 있으며, 비타민 D는 계란 노른자, 정어리, 고등어 등에 풍부하다. 노인의 경우 미각의 소실로 더 짜게 먹는 경향이 있으므로 나트륨 섭취를 줄이기 위해 음식을 싱겁게 먹도록 해야 한다.

(4) 수분 섭취

노화로 인해 체내 수분함유량이 감소할 뿐만 아니라 갈증에도 둔감해져 탈수 상태가 될 수 있다. 따라서 노년기에는 체중 1㎏당 30cc 정도의 수분 섭취가 필요하므로 노인 남성의 경우 2,100cc, 노인 여성은 1,700cc 정도 수분을 섭취하도록 한다

(5) 기타 생활 가이드

노화로 인해 치아가 손상되었을 경우 적절한 영양섭취에 제약을 받게 된다. 평상시 치아 및 구강 위생에 신경을 쓸 뿐만 아니라 손상이 되었을 경우 충치 치료 혹은 틀니 등 치과 치료를 받도록 한다. 치아 상태가 나빠서 어쩔 수 없는 경우에는 음식을 다져서 조리하며, 다양한 형태의 영양죽으로 영양을 공급하도록 한다.

좋은 영양 상태를 유지할 때 질병의 발생을 낮출 수 있으며 앓고 있는 질병에 빠른 회복에도 도움이 될 수 있다. 따라서 주기적인 체중 점검 및 적절한 영양을 섭취하고 있는지 평가가 필요하다. 또한 규칙적인 식사시간을 유지하고 적당한 운동과 휴식이 필요하다.

5) 암의 이해와 통증 관리

(1) 암에 대한 정의

자연적인 세포주기에 따르지 않고 정상적으로 분화하지 않으며 성장을 멈추지 않고 계속 자라는 것을 종양이라고 한다. 종양은 양성종양과 악성종양으로 나눈다. 악성종양은 암이다. 암의 특성은 무질서한 세포분열로 인해 보기 흉하다. 그리고 무한 성장하고 죽지 않으며 전이가 빠르다. 과학의 발달로 세부적인 진단방법으로 확인 가능성이 매우 커졌으며 평균수명의 연장으로 대상자가 많아져 암이 증가하였다. 하지만 근본적으로 환경오염과 가중한 정신적 스트레스가 암의 큰 증가 원인이다.

(2) 암의 유발 원인

암의 유발 원인은 환경적 요인(80~90%)과 유전적 요인(10~20%)으로 구분할 수 있다. 환경적 요인은 다음과 같다.

① 잘못된 식생활: 과식, 편식, 불규칙한 식사
② 흡연: 폐암(10배), 후두암(8배), 구강암(4배), 식도암(3배), 방광암(2배), 췌장암(2배)
③ 음주: 간암, 구강암, 인후암, 식도암, 후두암, 직장암, 유방암
④ 직업성 발암인사: 비소(Arsenic), 석면(Asbestos), 벤젠(Benzene), 벤지딘(Benzidine) 등의 유해물질
⑤ 환경오염: 자동차 배기가스
⑥ 바이러스(virus)
⑦ 스트레스(stress)

(3) 암의 발견 방법(미국암협회)

암이 발생하게 되면 다음과 같은 증상이 나타난다.

① 대변과 소변이 평소와 다르다.

② 부스럼이나 다친 부위가 잘 낫지 않는다.
③ 비정상적인 출혈 또는 분비물이 생기는 경우
④ 유방이나 다른 부위에 몽우리가 만져진다.
⑤ 소화불량이나 음식을 삼키는 것이 불편하다.
⑥ 사마귀나 반점이 급히 커지거나 자란다.
⑦ 기침이 계속 나오거나 목소리가 자주 쉰다.
⑧ 이유 없이 체중이 줄어든다.

한국의 경우 10대 사망원인은 악성 신생물(암), 심장 질환, 폐렴, 뇌혈관 질환, 고의적 자해(자살), 당뇨병, 알츠하이머병, 간 질환, 패혈증, 고혈압성 질환 순이며, 전년 대비 폐렴(3위)은 1단계, 알츠하이머병(9위)은 2단계 상승한 결과이다. 악성 신생물(암) 중에서는 폐암, 간암, 대장암, 위암, 췌장암이 가장 큰 사망원인인데, 그중 폐암, 대장암, 췌장암은 점차 증가하고 있습니다(통계청, 2022).

순위	사망원인	사망률	2020년 순위 대비
1	악성신생물(암)	161.1	-
2	심장 질환	61.5	-
3	폐렴	44.4	-
4	뇌혈관 질환	44.0	-
5	고의적 자해(자살)	26.0	-
6	당뇨병	17.5	-
7	알츠하이머병	15.6	-
8	간질환	13.9	-
9	패혈증	12.5	⬆(+1)
10	고혈압성 질환	12.1	⬇(−1)

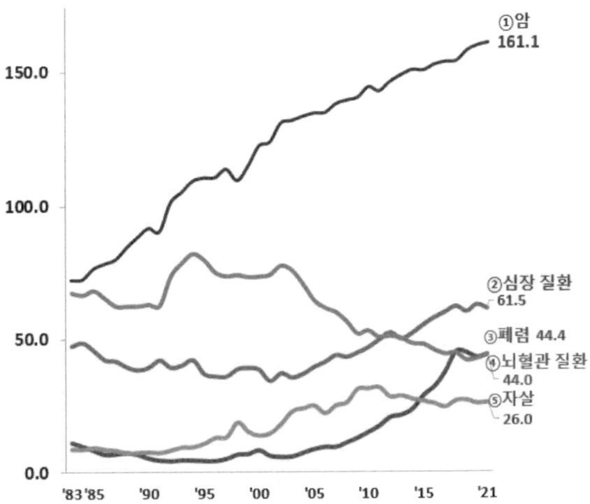

[그림 3-1] 사망원인 순위 추이

출처: 통계청(2022). 보도자료: 2021년 사망원인통계 결과. 대전: 통계청.

(4) 통증관리

통증치료는 다양한데 대표적으로 의학적 치료와 행동주의 기법을 들 수 있다. 의학적 치료는 약물치료와 수술이 있으며, 약물치료는 장점도 있지만 내성과 의존이라는 문제가 있고, 수술은 재발 위험성이 있으며 만성 통증보다 급성 통증에 더 효과적일 수 있다. 통증을 관리하는 행동주의 기법은 이완훈련, 행동 수정, 인지 치료, 인지 행동 치료 등으로 나뉘며, 통증 행동의 문제를 심리학적 이론에 기초하여 치료한다.

진통제는 의식 상실 없이 통증을 감소시킨다. 대부분의 진통제는 아편제와 비마취성 진통제 두 가지를 주요한 군으로 구분한다. 두 유형 모두 식물에서 추출되는데 아편제 유형이 더 강력하며 더 오랫동안 사용된다. 아편제는 구조와 작용이 신경전달물질과 유사하며 동일한 방식으로 통증을 감소시킨다. 아편제는 잠재적인 남용 가능성이 있는데, 어쩔 수 없이 처방하는 의사는 남용을 줄이기 위해 용량을 충분히 쓰지 못하고 환자는 충분한 진통 효과를 얻지 못한다. 과소 약물치료의 문제점을 극복하는 방법은 투약을 스스로 조절하는 것이다. 환자는 자신이 원할 때마다 정맥선에 부착된 펌프를 가동해 1회 분량의 투약을 할 수 있다. 이러한 방법은 환자들이 더 적은 약물로도 더 나은 통증 감소를 경험하기 때문에 광범위하게 사용된다(Sri Vengadesh et al., 2005). 다른 방법으로 환자가 통제하는 경피성 투약 방법도 있다(D' Arcy, 2005). 이 방법은 위팔에 부착된 신용카드 크기의 장치를 통해 스스로 진통제를 투약한다. 이러한 자기 투약 진통제는 과소 약물치료를 방지한다.

수술은 통증의 근원을 직접 치료하거나 통증을 줄이기 위해 신경계를 변형시키는 방법이다. 수술은 신경 전달을 변화시키고 통증을 통제하기 위해 차갑거나 뜨거운 고주파 자극을 사용한다(Dillard, 2002). 하지만 통증을 발생시키는 신경초(神經鞘, nerve sheath)를 그대로 두어야 하므로 시간이 지남에 따라 제거된 신경이 다시 자라고 통증이 재발할 수 있다. 신경을 완전하게 파괴하는 방법은 권장하지 않는데, 이로 인해 모든 감각이 상실되고 통증보다 더 큰 고통이 일어날 수 있기 때문이다. 또 다른 방법은 통증 신호를 차단하기 위해 뇌와 척수를 자극하는 것이다(Dillard, 2002). 수술을 통해 전기 자극을 척수나 뇌로 전달할 수 있는 장치를 이식한다. 이에 따라 통증을 차단하는 신경을 활성화하고 신경전달물질을 방출함으로써 통증이 줄어든다. 이 과정은 신경조직을 파괴하지 않으므로 뇌나 척수 조직을 파괴하는 것보다 낫다. 척수 자극은 요통을 통제하는 방법이지만 경피성 전기자극(TENS: Transcutaneous Electrical Nerve Stimulation)은 덜 효과적이다. TENS 체계는 전형적으로 피부에 부착하는 전극으로 이루어지는데, 전기 자극을 공급하는 장치에 연결되어 있다. 초기에는 지표가 성공적으로 나타났지만, TENS는 통증을 통제하는 효과가 제한적인 것으로 밝혀졌다(Reeves et al., 2004).

(5) 이완 행동주의 기법

우리 몸은 통증을 경험하면 스트레스를 받고 근육이 매우 긴장한다. 특히 목이나 등의 근육이 경직되어 만성적인 근육 긴장이 생길 수 있다. 평소 신체가 굳어 있으면 스트레스에 의해 약간의 자극으로도 그 효과는 2배가 된다(김정호, 김선주, 2002). 이완은 긴장 수준과 스트레스 수준을 낮추어 통증을 극복하는 방법이다. 불안하거나 긴장될 때는 호흡이 가빠지고 안절부절못하는 경우가 많은데 이럴 때 이완법을 사용하면 불안이나 긴장 수준을 낮추는 데 도움이 된다.

일반인도 이완법을 배워 적용할 수 있다. 근육 이완 훈련은 스트레스 상황에서 도움이 되지만, 평소에 꾸준히 연습하여 익숙해지면 통증 예방에도 도움을 준다. 이완하는 방법에는 이완법, 요가, 목욕, 취미생활(장현갑, 강성군, 2003), 마사지, 자율 훈련(김정호, 김선주, 2002), 마음 챙김 명상(안희영, 김정화, 2022; Kabat-Zinn, 2018) 등 여러 가지가 있다. 다양한 이완법 중에서 가장 효과적인 방법을 선택하여 실시하는 것이 좋다.

〈표 3-3〉 효과적인 이완 방법

방법	내용
이완법	호흡을 통제하고 근육을 이완시켜 긴장을 완화하는 방법
요가	인도에서 나온 전통적 심신 수련법의 하나로 신체, 마음, 정서 이완
목욕	근육에 긴장이 심한 사람은 일과 후 저녁 목욕을 하면 큰 이완 효과 있음
취미생활	취미 생활에 몰두하는 것도 이완을 얻는 데 상당한 효과 있음
마사지	근육 긴장을 이완시키고 신체 조직과 근육의 혈액 순환을 돕는 효과 있음
자율훈련	자기 최면을 통한 이완기술로 자신의 몸이 이완되어 묵직해지고 따뜻해지는 심상을 통해 신체와 마음을 편안하게 함
마음챙김 명상	생각을 객관적으로 주목하여 검열하거나 편집하지 않으면서 세상을 보는 방식과 무엇이 자신을 동기화하는지에 대해 통찰함

4. 경제관리

노인의 경제활동은 퇴직으로 인하여 수입이 줄어들게 되는데, 사회보장제도는 이를 충분히 수용하기 어렵다. 또한 자녀의 양육으로 인해 과다한 지출은 노후를 대비하기 힘들게 하였고, 육체와 함께 정신적인 쇠퇴로 인하여 취업이 어렵거나 불가능해졌다. 육체의 노화는 질병에 쉽게 노출이 되어 취업할 수 없는 이유가 되었다.

이러한 문제를 해결하기 위한 개인의 준비는 노년을 대비한 저축과 개인연금이 있고, 핵가족화로 인한 가족들의 유대관계를 강화해서 가족의 기능을 회복하는 방법이 필요하다. 이와 함께 사회에서는 노인에 대한 인식의 전환이 필요하고 공공부조의 적용 범위를 확대하여 적용해야 한다. 노년에 수령이 시작되는 시점에서 일시금 제도를 지양하고 연금방식으로 전환하도록 하여 노년의 경제를 지속할 수 있도록 하여야 한다.

5. 정서관리

인간은 사회적 존재이기 때문에 자기 자신 이외의 다른 외부 세계와 관계를 지속하며 살아야 안정적인 삶을 살아갈 수 있다. 사회와의 관계를 비롯한 여러 관계 속에서 희로애락을 경험하며 자신의 존재를 확인한다. 따라서 긍정적인 생각으로 인한 소망과 기쁨, 용기 등과 같은 감정을 가질 수 있고 부정적인 생각인 분노와 우울, 포기, 불안 등의 감정도 사회적 존재임을 증명하는 이유가 된다. 그러므로 노년의 시기에 더욱 친밀한 관계를 만들고 유지해야 하며, 소중한 친구를 만드는 것도 정서관리에 좋은 방법이 될 수 있다.

6. 노인문화예술교육

최근 노인문화예술교육이 지역사회에 높은 관심거리로 대두되어 활성화되어 가고 있다. 문화와 예술은 21세기를 살아가는 인류에게 공통의 가치체계이며 지구촌의 지구인들과 함께 사고하고 성장하는 생활양식 또는 삶의 방식으로 만들어 왔다. 모든 인간은 사회적으로 규정된 상황에서 사회환경과 상호작용하는 특별한 문화를 가지고 있다. 문화란 모든 사람과 관련된 것이며, 사람의 손을 거친 인공적인 것을 말한다. 왜 문화와 예술인가? 그것은 문화와 예술을 빌려 자연이 숨겨둔 아름다움을 발견하는 체험을 하고 교육을 통해 인간에게 폭넓고 진지한 성찰을 통해 배우며, 나를 찾는 과정이기 때문이다. 당장 눈에 보이지는 않지만 가장 중요한 본질을 찾는 것이고 그것이 바로 창의력이기도 하다. 그리고 열정이고 역동적으로 움직이도록 하는 원천이기도 하다. 따라서 문화와 예술은 21세기의 핵심 키워드가 될 것이다(김동일 외, 2021).

문화예술교육은 문화와 예술, 그리고 교육의 합성어로 이루어진 용어이다. 즉, 문화, 예술, 교육이 가지고 있는 개별적인 특성과 이들의 융합적인 특성을 통해 궁극적으로 인간의 삶을 한층 더 풍요롭게 하는 교육이라 할 수 있다(엄소라, 2021). 이는 다양한 문화를 경험하거나 음악, 미술, 무용, 연극 등 예술 영역에 내재하여 있는 예술적인 면과 전문적이고 기술적인 면을 체험하는 통합적인 교육을 뜻한다.

사회적 관점에서 문화예술교육은 두 가지 속성을 가지고 있다. 첫째는 수동적 속성으로서 문화예술교육은 사회적 환경들, 즉 사회, 정치, 경제, 문화 등으로부터 영향을 받는 것이며, 둘째는 능동적 속성으로서 문화예술교육이 자신과 사회에 영향을 끼치는 것이다. 즉, 문화예술교육은 사회적 · 정치적 · 경제적 조건 등을 바탕으로 형성된 제도에 따라 내용과 방식이 결정되고, 결정된 문화예술교육은 자기 삶과 행복한 사회생활의 구현을 위해서 영향을 주어야 한다. 이에 사회적 관점에서 바라보는 문화예술교육은 사회에서 문화예술교육이 왜 중요하고 또한 어떤 과제를 수행해야 할지에 대한 지식이 필요하다. 문화예술교육의 사회적 순기능으로는 '인간교육 기능', '사회 통합 기능', '문화산업 발전 기능', '문화유산 전달 기능', '예술 관련 인력양성 기능' 등이 있다(한국교육예술학회, 2017). 특히, '인간교육 기능'과 '사회 통합 기능'은 미적 감수성 개발, 전인적 교육의 기초 마련, 인간 치유 및 치료 도구, 소속감 증진, 공동체 의식 함양 등의 기능을 한다(김동일 외, 2021).

근래에 들어 문화복지라는 개념이 등장하게 되면서 문화를 인간이 누려야 할 기본적 권리 측면에서 바라보고 있으나 아직도 경제적 여건상 이를 접하기 어려운 사회적 계층은 문화예술을 접하기가 쉽지는 않다(기영화, 김남숙, 김선주, 성정은, 2010). 우리 사회 대표적인 사회적 소외계층으로 노인을 들 수 있지만, 우리나라뿐 아니라 인구 고령화에 대한 문제는 전 세계적인 관심사이자 국가적인 과제로 등장하고 있다(기영화, 김남숙, 김선주, 성정은, 2010). 평균수명의 연장으로 인해 그 수의 팽창에도 불구하고 사회적, 문화적으로 소외당하고 있는 것이 현실이다.

노인 인구의 양적 · 질적 변화에 따른 요구를 충족시키기 위해서는 평생교육에 초점이 맞춰질 수밖에 없으며, 평생교육의 다양한 영역 중에서도 문화와 예술

영역은 개인의 미적, 창의적 성찰, 소통적 역량들을 증진할 수 있다(기영화, 김남숙, 김선주, 성정은, 2010). 노인의 인구가 급속도로 증가하면서 하나의 사회적 구성원으로 자리를 잡았으며, 그들에게 필요한 문화, 예술 활동 등에 대한 사회적 관심과 지원이 절실하게 요구되고 있다. 문화예술 교육은 복지국가의 실현이라는 명제와 맞물려 문화복지라는 새로운 개념을 탄생시켰다. 문화예술은 삶의 활력이며 살아가는 동안 어떠한 모습으로 우리와 함께하고 있으며 국민의 보편적인 삶의 질 향상을 위한 중요한 수단으로써의 문화에의 복지적 접근을 문화복지라고 칭할 수 있다(문화예술교육진흥원, 2005).

문화예술을 매개로 세대 간의 공감대가 형성되며, 사회적 성원으로서 지속해서 참여할 수 있게 된다. 노인 개인에게도 삶의 만족을 제공하고, 신체기능을 강화할 수 있으며, 창의력과 상상력을 제공하고, 사회적 관계를 형성하는 데 도움을 주는 등 노인문화예술은 문화복지라는 개념을 넘어 '치유'의 개념으로까지 확대될 수 있다(기영화, 김남숙, 김선주, 성정은, 2010).

문화예술 향유는 인간의 삶의 질을 향상하고 지역 예술을 활성화하며 그 방법으로 전 생애에 걸쳐 진행하는 문화예술교육이 있다. 따라서 문화예술은 시대를 살아가는 모든 집단과 계층에서 향유될 수 있어야 한다.

우리보다 앞서 문화예술교육의 정책이 시행된 나라 중 하나인 미국에서는 1999년 이후 '예술기반교육'과 '예술 중심의 커리큘럼' 등 문화예술교육 확대를 시행하고 있다. 문화예술교육을 통해 평생학습을 주도하고 예술이 국민 일상의 삶에 스며들 수 있도록 정책과 지원을 아끼지 않는다는 것이 미국의 문화예술교육 정책 방향이다. 또한 엄휘정(2017)에 따르면 "영국은 문화예술교육이 지성의 다양한 측면을 충분히 표현하고 창의적 사고와 행위능력을 계발하며, 감성과 감각에 대한 교육을 강화"하기에 영국 전역에서 '예술'이 '교육'이 되는 법적인 기초를 마련하여 문화예술교육 책을 확고히 했다. 우리나라에서도 문화예술교육은 국민의 문화학습권, 창조적 인력양성과 지역공동체의 발전을 촉진하여 국민의 수동적 문화예술 향유를 넘어 능동적 참여를 이끌고 환경을 조성하는 문화 역량의 강화를 목적으로 하고 있다. 문화예술교육을 통한 지역의 문화예술은 아동과 청소년, 성인, 은퇴한 노인, 장애인과 소외계층에 이르는 다양한 집단의 삶의 질을 높이는 데 기여할 수 있고, 또한 개인의 삶의 질 향상뿐만이 아니라 지역 문화의 가치와 문제해결력을 높여 지역과 사회의 경쟁력을 강화할 수 있는 중요한 역할을 한다. 그러나 문화정책과 사업의 규모는 지역별로 편차가 있으며 이에 따른 지역민의 문화 향유 접근성은 차이를 보인다. 이는 노인, 취약계층에게 더 극명한 기회의 절감을 느끼게 하며 문화예술교육의 선택에도 불리한 요건이 되고 있다.

생애주기별 문화예술교육의 시행으로 노인의 문화예술교육이 점차 활성화되고 문화체육관광부와 한국문화예술교육진흥원은 예술의 접근성을 좁히고 그 가치를 공유하며 문화예술 공동체 발전과 지역의 예술 발전을 꾀하는 다양한 문화예술교육 프로그램을 지원하여 노인의 적극적 참여를 도모하려는 정책 연구가 진행되고 있으나 실행하는 현장의 운영자와 참여자 관점에서 제기하는 문제점과 개선 요구사항에 차이점이 있을 것으로 사료된다.

7. 일 관리

일하는 것에 대한 여러 가지 의미를 부여할 수 있겠으나 무엇보다 감사와 은혜에 관한 의미를 찾는 것이 필요하다. 생에 대한 감사, 가족에 대한 감사, 이웃과 사회에 대하여 감사할 수 있는 이유를 찾게 되면 노년의 일은 더 즐겁고 보람될 수 있다. 단순하게 그동안 일을 해왔기 때문에 계속해서 일해야 한다는 생각은 하지 않는 것이 좋다. 그리고 노년에 할 수 있는 일은 생계에 대한 목적성을 갖는 것도 좋고, 일을 통하여 여가를 즐길 수 있도록 하는 방법을 찾는 것도 괜찮다. 또한 생계와 여가를 즐기는 것 외에 봉사하는 일을 통하여 존재감을 확인하는 것도 노년에 일하는 의미를 부여하는 좋은 방법이다.

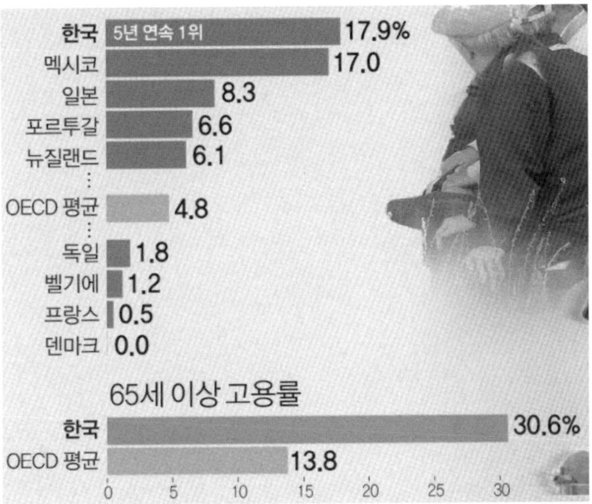

[그림 3-2] 주요국 75세 이상 고용률

출처: 연합뉴스(2017.05.08.). 은퇴 못 하는 노년층 … 75세 이상 고용률, OECD 5년째 1위.

Chapter >> 04

죽음의 이해와 교육

1. 죽음의 의미와 교육

1) 성공적인 삶

성공이라는 말의 뜻은 잘살게 되었다는 것이다. 실패하지 않고 사회적으로 안정적인 위치에 올랐다는 말을 뜻한다. 그러나 사람들이 성공에 대한 가치 기준을 물질적이거나 사회적인 성취에 대한 것으로 제한하고 있다. 하지만 물질적이거나 사회적인 성취가 아닌 사랑이나 봉사의 기쁨 등에 성공의 가치 기준을 가지는 사람들이 있다. 마더 테레사(Agnes Gonxha Bojaxhiu, 1910~1997) 수녀 같은 분이 자주 회자하는 이유는 아마도 사람들이 흔히 가지고 있는 성공에 대한 가치 기준과는 다른 모습으로 살았기 때문이라 생각된다. 그런데 죽음이라는 단어를 삶에 꿰맞추는 순간 성공이라는 말에 대해 다시 생각하는 것을 보게 된다.

EBS 〈데스〉 제작팀이 했던 실험에서 죽음 교육 전, 후의 심리 상태를 알아봤는데 죽음 교육 후에 심리적 건강이 더 좋아졌다. 사람들이 성공에 대하여, 돈에 대하여, 기타 물질적, 사회적인 가치 기준이 달라진 것을 분명히 알 수 있었다. 그렇다면 이제 성공적인 삶에 대하여 생각해 볼 때, 물질적이지 않아 잡히지는 않지만 사랑, 희생, 봉사, 자비, 자선 등을 지향하는 삶을 성공적인 삶의 모토로 삼아야 할 것 같다.

2) 죽음의 의미

과거 농경사회에서는 마을에 사람이 죽었다고 알려지면 모든 구성원이 함께하여 장례를 지냈다. 따라서 어린아이들도 장례는 매우 익숙한 일 중의 하나였다. 하지만 근래에는 세대 간에 지리적으로 멀리 떨어져 살다 보니, 가족의 임종 소식을 듣고도 임종을 지키지 못하는 일이 많아졌다. 또한 의학과 과학기술의 발달은 인간의 평균수명을 연장하였고, 이에 따라 노인 인구의 비율은 빠르게 증가하고 있다(김남웅, 2016; 임송자, 송선희, 2012). 의료기술의 발달은 평균수명의 연장과 달리 노화와 죽음에 대한 거부감, 죽음의 의료화 등을 야기하고 있다. 그 결과 점점 죽음을 기피하고 연기해야 할 현상으로 인식하고 있다. 이에 따라 성장 과정 중에 가족의 죽음을 경험하는 절대적인 빈도가 낮아졌으며, 죽음의 장소가 집안에서 집 밖으로 이동됨에 따라 가족의 장례조차도 장례문화원과 같은 시설을 통해 타인에게 맡겨서 치르는 경우가 많아졌다. 그래서 가정에서 죽음을 경험하고, 죽음을 배우는 기회가 현저하게 줄어들었다. 그 결과 더 이상 죽음은 우리의 공통된 경험의 한 부분이 아니게 됐다(이기숙, 임병윤, 2010; Despelder Strickland, 2005).

더욱이 산업화의 심화와 자본주의의 발달은 사회문화적으로 생산 및 소비와 반대되는 죽음에 대해 금기시하고 있다. 노년기 인구의 증가는 노인으로 살아가는 기간이 길어지면서 노년기 삶을 어떻게 보낼 것인가 뿐 아니라 삶과 연관된 죽음에 관한 관심을 불러일으키고 있다.

죽음교육의 많은 부분을 담당하던 가정이 그 기능을 상실하여 죽음에 대하여 침묵하게 되면서(Fonseca & Testoni, 2011), 죽음교육은 사실상 중단되었다. 교육의 세 마당(가정, 학교, 사회)에서 가정이 그 역할을 수행하지 못하게 되면 학교나 사회에서 이를 보완해주어야 했지만, 죽음교육이 형식적 교육으로 다루어져야 할 필요성이 미미하게 여겨지던 터라 학교에서의 죽음교육은 이루어지지 않았다. 따라서 죽음교육은 오로지 사회의 영역, 그중에서도 특히 대중매체의 몫으로 죽음교육에 근본적인 영향을 미치고 있다. 죽음에 대한 우리의 사고는 신문, 잡지, 책, 영화, 텔레비전 등 대중매체를 통한 간접경험에 의해 형성된다(이기숙, 임병윤, 2010; Despelder & Strickland, 2005). 죽음교육은 미디어의 공식적인 주제가 되었다(Fonseca & Testoni, 2011).

그러나 영화와 드라마에서는 죽음이 일상화되었고, 게임에서는 끊임없이 무언가를 죽여야만 내가 살 수 있다. TV에서는 만화나 뉴스를 통해 죽음을 나타내지만, TV에 나타나는 죽음은 아이들에게 비현실적이고 멀게 느껴진다. TV에서는 악인들만 죽을 뿐만 아니라 많은 경우 죽었다가 곧 살아서 돌아온다. 아이들은 이에 혼란스러워한다. 무엇이 현실이고, 무엇이 환상인지 배우는 것은 중요하다(Glazer & Landreth, 1993). 이처럼 대중매체는 죽음에 대해 나쁜 이미지만을 투영하고 오개념을 조장하고 있는 현실이다. 이는 대중에게 주목받기 위한 태생적 한계일지도 모른다.

우리는 급변하는 사회적 변화에 영민하게 대응하지 못해 죽음교육이 여전히 부재한 상황이다. 그러나 단순히 죽음교육이 부재하다는 사실만으로 죽음교육의 필요성이 확보되지는 않는다. 죽음교육의 부재로 인해 어떤 문제가 야기되거나 증대되고, 죽음교육이 존재함으로써 그 문제를 예방하거나 경감시킬 수 있을 때 비로소 죽음교육의 필요성이 인지된다. 최근에 대두되고 있는 죽음에 관한 윤리적 문제들은 죽음교육의 부재로 발생하거나 심화되는 대표적인 현상들이다(이동윤, 강선보, 2019).

3) 죽음학

인간은 오랜 시간 동안 죽음에 대해 언제나 철학적인 영감을 고양하는 주제 중 하나였다(Puolimatka & Solasaari, 2006). 죽음문제는 한 철학자의 사유가 응축되는 결절점이자 사유의 특색이 두드러지게 드러나는 대목이기 때문이다(정동호 외, 2012). 그래서 동서고금을 막론하고 많은 철학자가 죽음에 관한 자신의 견해를 피력해 왔다.

죽음학은 1903년 러시아 과학자 메치니코프(Élie Metchnikoff)의 저서『인간의 본성(The Nature of Man)』에서 '죽음학(Thanatology)'이라는 개념으로부터 시작되었다(전병술, 2015). 죽음학은 죽음과 관련된 다양한 주제를 다루며 죽음의 과정, 임종, 비탄, 간호, 죽음의 철학, 죽음의 고지(告知), 죽음의 의의, 자살, 안락사, 민족·문화·종교에 따른 사생관(死生觀)의 차이, 죽음의 공포, 사후의 생명 등의 문제를 주요 내용으로 다룬다(신소린, 2022). 인류문화의 여러 측면에서 죽음과 관련된 연구결과와 성과를 바탕으로 죽음을 통해 삶의 본질을 탐구하는 학문이다. 영어로는 타나톨로지(Thanatology)라고 한다. 그리스어로 죽음을 뜻하는 타나토스(thanatos)에서 왔다. 죽음학이 학문으로 자리 잡기 시작한 것은 미국의 심리학자 헤르만 파이넬(Hermen Feifel)의 『죽음의 의미(The Meaning of Death)』가 출판되면서부터이다(Feifel, 1959). 이 분야에서 한 획을 그은 책으로 죽음과 임종에 관한 현대적 연구의 효시라고 할 수 있다(이기숙, 임병윤, 2010; Despelder & Strickland, 2005). 이 책은 심리학자, 정신과 의사, 철학자, 인류학자, 보건 실무자, 예술가와 사회학자를 포함하여 다양한 관점에서 죽음의 문제를 다루고 있다. 파이펠은 이 저서에서 죽음의 언급에 대한 금기를 깨뜨리려 노력하였고 여기서부터 현대 죽음학이 시작되었다고 볼 수 있다(신교남, 2018). 그 후로 1960년대 미국 미네소타대학에서 죽음학을 표방한 첫 강의가 시작되었다. 일본에서는 삶과 죽음에 대한 사생학(死生學) 혹은 생사학(生死學)이라고도 한다(이진순, 2015). 교육학에서는 1990년대에 죽음교육을 다루기 시작했으며, 그 중요성과 필요성을 제기하였다(강선보, 1997). 2000년대 이후로는 특정 철학 사조 또는 사상가들의 이론을 바탕으로 죽음교육 연구가 적극적이었다(강선보, 2003).

죽음은 인간의 삶에서 빼놓을 수 없는 사건이라는 점에서 인간에 대한 이해를 바탕으로 하는 교육학과 교육론에서 빠질 수 없는 주제이다(장지원, 2014). 인간의 삶은 태어나서 죽기까지 이르는 동안의 모든 성숙한 사람으로 창조해 가는 과정이다. 삶과 죽음은 모든 인간의 정상적인 현상이며 순리이다. 삶과 죽음은 마치 친구와 같다. 샤릴 호크(Sharryl Hawke, 1974)에 따르면 죽음을 삶의 하나의 사건으로 다루도록 배웠던 학생들이 죽음을 덜 두려워하고 삶에는 더 감사해 한다는 사실이 밝혀졌다(Auten, 1982). 죽음을 가르치는 것이 학생의 죽음에 대한 공포를 완전히 제거하지는 못할 것이며, 사랑하는 사람의 죽음을 겪을 때의 고통도 없애주지 못할 것이다(Higgins, 1999). 하지만 죽음교육은 자기 죽음에 대한 반추를 통해 삶을 진지하게 조망할 수 있을 것이며, 언젠가 겪게 될 비탄의 고통을 극복하기가 수월해질 것은 분명하다.

인간은 이러한 과정을 거치면서 일상적인 생활사를 통해 많은 사건을 경험하고 반성하며 성찰하지만 죽음만큼은 되돌릴 수 없는 것이다. 죽음은 일회적이며 경험의 세계를 초월하는 사건이다.

죽음에 대한 대한의학협회 '죽음의 정의 연구위원회'는 심장기능 및 호흡 기능과 뇌반사의 불가역적인 정지 또는 소실로 죽음을 정의한다. 의학적인 죽음의 의미는 모든 생체기능의 영구적 정지이다. 전체 뇌기능, 호흡계의 자발기능, 순환계의 자발기능 등 이 모든 것이 비가역적으로 정지되었음을 말한다(정상수 외, 2018).

(1) 철학적 죽음 이해

죽음은 다음 세상을 위한 일종의 통로로 여긴다. 현세의 삶은 그 자체로 어떠한 의미를 가지지 못하며, 단지 다음 세상으로 가기 위한 하나의 단계에 불과하다는 것이다. 소크라테스(Socrates, BC 470년?~399년?)의 존재론에 따르면 인간의 영혼은 출생 전에 이데아의 세계에서 영혼의 형태로 이미 존재하였으나, 세상에 태어나면서 육체라는 껍데기를 입으며 이데아의 세계를 망각하게 된다. 인간은 순간적인 기억을 통해 이데아 세계를 간헐적으로 상기할 뿐 온전한 이데아 세계로 갈 수 없다. 즉, 죽음은 영혼이 본래의 세상으로 돌아갈 수 있는 출구가 되는 것이다. 이에 소크라테스는 기꺼이 죽음을 맞이할 수 있었으며, 플라톤(Platon, BC 428?~348?)은 '철학을 하는 것은 죽음을 배우는 것'이라고 말할 수 있었다. 하지만 의학에서 죽음을 부정하고자 하는 것과 마찬가지로 전통적인 철학과 형이상학에서 죽음을 문제 삼는 것을 소홀히 하고 회피해 왔다. 그러나 오늘날 서양에서는 죽음에 대한 관심이 많아지면서 철학과에는 '죽음과 죽는다는 것(death and dying)'이라는 과목으로 죽음에 대하여 배우기도 한다.

죽음에 대한 중요한 철학적 문제는 죽음의 공포(the fear of death)이다. 그 죽음의 공포에 대해 철학은 다섯 가지 견해가 있다.

첫째, 죽음에 대해서는 죽음이 괴로울 것이라는 가정에 근거를 두고 있으나 죽음 그 자체는 절대로 괴로움이 될 수 없다는 에피쿠로스(Epicouros, BC 341~270)의 주장이다.

둘째, 죽음의 공포를 극복하려면 죽음을 항상 염두에 두고 살아야 한다는 스토아 철학자(stoicism)들의 주장이다.

셋째, 인간은 절대로 죽음을 정확히 알거나 직시할 수 없다는 스피노자(Benedict de Spinoza, 1632~1677)의 견해이다.

넷째, 행복한 사람은 행복한 죽음을 가지고 온다는 입장이다.

다섯째, 죽음 자체에 아무런 의미를 부여할 필요가 없다는 쇼펜하우어(Arthur Schopenhauer, 1788~1860)의 주장이다.

19세기와 20세기에 인간은 구체적인 삶과 지금 있는 '현존재' 또는 '실존'에 관심을 기울이게 되었다. 실존주의에서 중심 과제는 인간이며, 인간의 삶과 죽음에 관한 고찰은 실존주의의 주요 관심사이다(신교남, 2018). '인간'의 실재보다는 '개인'의 실재를 중시하는 실존주의 철학자들 사고의 기초가 되는 것은 개인의 개별 체험(particular experience)이라고 할 수 있다(Choron, 1963). 보편적이고 일반적인 인간이 아니라 구체적이며 주체적인 개인을 강조하는 실존철학에서는 보편적 '인간의 죽음'보다는 개별적 '나의 죽음'이 더 중대한 철학적 문제인 것이다(강선보, 2003; 신교남, 2018). 이는 자신의 죽음을 자신의 존재에 관한 절대적 문제로 보기 때문이다(신교남, 2018).

'죽음의 문제'는 이제 인간이 간단히 처리해 버린다거나 또는 피해 버릴 수 있는 문제로서가 아니라 그 문제와 진지하게 대결하지 않으면 안 될 문제로 대두하게 된다. 따라서 실존철학은 죽음을 철학의 가장 중요한 문제로 취급하는 경향이 있다. 이런 실존철학의 대표라고 할 수 있는 하이데거(Martin Heidegger, 1889~1976)는 존재 문제를 본격적으로 다룬 최초의 사람이라고 할 수 있다. 그는 인간은 신의 존재와 내세의 존재를 가정하지 않더라도 죽음을 직시함으로써 삶의 의미를 발견할 수 있다고 하였다. 그는 인간이 죽음을 생각하면서 자기 인생의 의미를 물을 수 있다는 것이다. 다시 말해 '자신의 존재에 있어서 자신의 존재를 문제 삼는다'는 인간의 본질적 성격을 실존이라고 하였다(정동호 외, 2012). 즉, '인간은 죽음을 향해 나아가는 존재(Being toward death)'라는 것이다(이기상, 2013; Heidegger, 1979). 태어나는 순간부터 인간의 시간은 죽음을 향해 흐르기 시작한다. 이처럼 인간은 유한한 필멸의 존재다. 죽음은 인간이라면 누구나 반드시 겪게 되는 절대적이고 보편적인 현상이다(임철규, 2012). 문제는 사람이 자신들의 유한성을 망각한 채 살아간다는 것이다. 하이데거는 이런 사람들을 '세인(das man)'이라 하였는데, 세인은 자신의 유한성에 대하여 사유하지 않고, 세상에 '던져진' 관성 그대로 시간에 끌려가며 살아가는 사람들이지만 자신의 죽음을 자각한 사람들은 현존재(ds sein)라고 한다. 이처럼 하이데거는 죽음의 자각을 존재의 시발점으로 생각하고 있으며, 죽음을 부정적으로 인식하기보다는 긍정적으로 이해하려고 한다(신교남, 이병승, 2013). 따라서 죽음 없는 실존은 없으며, 죽음의식이 없는 실존 이해는 불가능하다고 본다(강선보, 1997). 같은 실존주의 철학자인 사르트르(Jean-Paul Sartre, 1905~1980)도 어떤 의미도 죽음에서 벗어날 수 없다고 말한다. 그리고 전통적인 기독교 입장에서 '종말론적 해석'으로 비판한 존 하우드 힉(John H. Hick, 1922~2012)은 우리가 비록 희미할 수밖에 없겠지만 실제로 내세를 가정하지 않은 한 죽음의 의미를 발견할 수 없다고 했다. 이와 같은 점에서 볼 때 지속해서 죽음을 자각하는 '죽음의 의식화' 작업은 매우 중요하다(이동윤, 강선보, 2019).

(2) 법학적 죽음 이해

법학에서는 죽음에 관한 의미나 가치보다는 죽음의 책임을 묻는다. 그러므로 자연사(natural death)보다는 외부 자극, 즉 물리적이거나 정신적인 것에 의한 죽음인 살인을 논하게 된다. 법에서는 살인죄(Totung, Homicide)의 범위 안에서 인간의 죽음을 바라본다. 형법상에 있어서 '살해'는 고의로 사람의 생명을 자연적인 죽음의 시기 전에 단절시킨 것이지만, '과실치사'는 사람을 죽음에 이르게 하는 것이다. 살해는 그 수단 방법에 불문한다.

사람의 죽음 기준에 관해서는 형법학에서 몇 가지 간단한 이론을 제기한다. 첫째는 호흡이 끝난 시점을 택하는 호흡 종지설이 있고, 둘째는 심장의 박동이 끝난 시점을 택하는 맥박 종지설(심장설)이 있다. 마지막으로는 심장이식 수술이 개발됨에 따라 뇌의 장기사를 개체의 죽음으로 보는 경우처럼 뇌파의 일정 기간 정지로써 뇌사를 판정하려는 뇌파 종지설(뇌사설)있다.

민법에서는 사람의 사망과 함께 상속·유언의 효력발생, 잔존배우자의 재혼, 보험금이나 연금청구 등이 관련되어 있다. 이러한 관점에서 볼 때, 사망의 시점은 사망으로 판단할 수 있는 시점 중에서 가장 확정적인 시기로 결정하는 것이 타당하다. 왜냐하면 사망의 효과가 발행한 후에 다시 소생하게 되면 원상으로 회복하는 법률관계가 복잡하여지기 때문이다. 이러한 점에서 사망으로 판단할 수 있는 최후의 시점인 심장의 박동이 정지된 때(심장설)로 보는 것이 타당하다(조만형, 2022).

블랙 법률 사전(Black's Law Dictionary)에서는 '죽음은 생명이 끝나는 순간에 일어나는 것이며, 심박동과 호흡이 정지하기 전까지는 일어나지 않는다. 생명의 정지, 존재의 끝남, 의사들이 정의한 바로는 혈액순환의 완전한 정지, 그리고 그에 따른 호흡이나 맥박과 같은 생물적 생명 기능의 정지'라고 정의한다. 이런 정의는 죽음에 대한 전통적 기준으로 뇌기능에 의한 죽음 판단에 대항하는 법 개념이다. 따라서 사람의 죽음에 대한 일반적인 법률 정의는 생명에서의 이탈(departure from life), 육신적 삶의 정지(cessation of his physical life)라고 말할 수 있으며 좀 더 정확히 표현하자면 혈액순환의 완전한 정지(total stoppage of the circulation of blood)와 호흡이나 맥박과 같은 생명 기능의 정지이다. 이처럼 죽음에 대한 법적 이해는 죽음을 과정(process)으로 보는 것이 아니라 어떤 시간의 순간에 일어나는 사건(event)으로 보고 있다.

일반적으로 임종(dying)과 죽음(death)은 정의가 혼용되어 사용되고 있으나 임종은 죽어가는 과정, 죽음은 생명이 정지된 상태로 볼 수 있다. 한국어 대사전에서는 임종(臨終: dying)을 죽음에 임함, 임명(臨命), 부모가 돌아가실 때 그 자리에 같이 있음, 종신(終身) 등으로 말하고 있다. 죽음 사(死), 입몰(入沒), 사망(死亡), 사세(死世), 끝장, 죽는 일, 생물의 생명이 없어지는 현상, 세포 내의 연속적인 생리적 변화가 불가역적으로 되어 정지하는 상태이다. 유사하게 웹스터 사전에서는 임종을 생명이 끝나 가는 것, 죽음이 임박한 것, 점차 소멸하는 것이라고 하였으며, 죽음은 동식물에서 소생의 가망이 없는 모든 생체기능의 영구적 정지, 생명의 종결, 죽는다는 사실이나 행동 및 과정이라고 하였다(양옥남, 김혜경, 박화옥, 정순둘, 2016).

(3) 의학적 죽음 이해

현재 의학계에서 죽음의 판정 기준으로 널리 인정되고 있는 것은 '심폐기능설'과 '뇌사설'이다. 심장과 폐장 그리고 뇌의 활동 정지가 죽음의 판정 기준으로 언급되는 이유는 이 세 기관이 인간의 생명현상을 특정 짓게 하는 데 주된 역할을 하고 있기 때문이다. 심폐기능설에 대한 사망은 호흡이 먼저 정지되고 나중에 심장박동이 정지되는 '폐장사(lung death)'와 심장박동이 먼저 멈춘 후 호흡이 정지되는 '심장사(heart death)'로 다시 구분된다. 뇌사설은 뇌 기능의 영구적인 정지를 인간 죽음의 최종 판단 기준으로 보는 입장으로서 뇌가 완전히 파괴되어 다른 모든 장기의 기능적 중지가 절박하고 불가피한 상태를 말한다(조계화, 이윤주, 이현지, 2006).

첫째, 심폐기능설(cardiopulmonary theory)은 심장의 기능이 멈추고 호흡이 정지되면 사망하였다고 정의하는 기준이다. 즉, 심장박동과 혈액순환이 전면적 정지, 호흡운동 및 인체의 반사 기능의 영구적인 정지를 가리켜서 죽음이라고 한다(김대동, 2005).

둘째, 뇌사설(brain death theory)은 뇌기능의 영구적인 정지를 인간 죽음의 최종 판단 기준으로 보는 입장이다. 뇌의 모든 기능이 불가역적으로 상실된 상태를 말하는 것이다.

이에 대해 1983년 대한의학협회에서는 뇌사의 판단 기준을 다음과 같이 정의했다. 뇌사의 판단 기준은 외부의 자극에 반응이 없는 혼수상태, 호흡이 정지된 상태, 모든 뇌 반사의 손실 등의 상태로 12시간 이상 지난 경우이다(김윤재, 이주용, 2017).

(4) 심리학적 죽음 이해

인간은 죽음에 대한 부정적 인식 때문에 죽음을 두려워해 왔다. 죽음은 불길한 것이며 좋지 못한 것이라는 전래 이야기들, 귀신과 연관된 부정적 이미지의 죽음 이야기들, 각종 영상매체를 통해 접하게 되는 잔혹한 죽음 등을 통해서 우리는 죽음에 대해 자연스럽게 부정적 인식을 갖게 된다. 알폰스 디켄(Alfons Deeken)은 이러한 인간이 죽음에 대해 갖게 되는 공포와 불안의 9가지 유형을 정리한 바 있다(Deeken, 2001). ① 고통에 대한 공포, ② 고독에 대한 공포, ③ 불쾌한 체험에 대한 공포(존엄을 잃는다는 것에 대한 두려움), ④ 가족이나 사회에 부담을 준다는 것에 대한 공포, ⑤ 미지의 세계를 눈앞에 둔 심경으로서의 불안, ⑥ 인생에 대한 불안과 연결된 죽음에 대한 불안, ⑦ 인생을 미완성인 채로 끝낸다는 것에 대한 불안, ⑧ 자기 소멸에 대한 불안, ⑨ 사후의 심판이나 벌에 대한 불안이다(전성곤, 2008; Deeken, 2001). 이와 함께 그는 '죽음교육'을 통해 죽음을 이해하고, 죽음에 대한 공포를 냉정하게 분석할 수 있다면, 앞에서 언급한 죽음의 공포와 불안으로부터 어느 정도 벗어날 수 있다고 보았다. 이처럼 죽음은 우리에게 두려움을 주는 동시에 긍정적인 측면도 제공한다. 결국 죽음의 공포를 긍정적인 삶의 에너지로 바꾸게 하기 위해서는 다른 무엇보다 죽음 그 자체에 대한 이해가 선행되어야 하며, 이는 죽음교육의 형태로 가능하다.

키에르케고어(Søren Aabye Kierkegaard, 1813~1855)는 정작 죽지 못하는 것을 절망이라고 한다. 이 죽음은 육체의 죽음이 아니라, 영원을 상실한 절망이다. 절망은 죽음에 시달리면서 결코 죽을 수 없는, 소망을 잃은 상태이다. 절망은 인간이 도덕적 의무를 다할 수 없다는 데 있다. 여기서 절망은 신을 떠나서 있는 절망이다. 그것은 신을 떠나서 있을 수 없는 실존이 신을 떠나서 있는 상태다. 그것은 죽음에 이르는 병이다. 인간은 그 병을 자각하든 자각하지 않든 간에 이 병에 걸려 있다(임춘갑, 2011; Kierkegaard, 1849).

절망이 죽음에 이르게 하지만 죽음은 아직 현실이 아니다. 그것은 '무(無)'일 뿐이다. 그렇다면 절망은 어디서 오는가? 절망은 심리적으로 육체와 영혼과의 단절, 타인과의 단절, 신과의 단절에서 온다. 키에르케고어는 절망은 외부로부터 오는 것이 아니라 우리의 정신에서 오는 것이라고 말하며, 관계성이 단절될 때, 절망으로 이르게 된다고 보았다. 특히 신과의 단절은 절망을 의미한다. 그것이 죄라는 것이다(최종호, 2012).

키에르케고어에 의하면, 절망이 일어났을 때 인간에게 두 가지 해결 방법이 있다. 절망해서 파멸로 이를 것인가, 아니면 죄를 회개하고 하나님과의 관계를 회복할 것인가이다. 절망은 진정한 의미에서 죽음에 이르는 병이지만, 그러나 우리가 이러한 병에 걸려 있다는 것을 자각할 경우에 절망은 우리를 신앙으로 인도할 수도 있다. 이러한 자각은 우리 자신의 유한성에 대한 각성이며 우리를 창조한 초월자인 신에게로 나아가는 신앙을 결단할 수 있게 해 주는 것이다. 이러한 결단을 내리지 않는 한, 절망은 죽음에 이르는 병, 즉 죄로 남을 수밖에 없다. 절망은 병이지만, 육체적인 병과는 달리 생물학적 죽음을 통해서 소멸할 수 없으며 정신 자체의 치유인 신앙을 통해서만 극복될 수 있다.

죽음에 대한 사유는 이러한 집착과 욕심에서 벗어나게 하는 것을 돕는다. 죽음은 우리의 삶에서 중요한 것과 그렇지 않은 것을 구별하게 한다. 죽음은 우선순위를 알게 하고 그것에 집중하게 한다. 어툴 거완디(Atul Gawande)는 그의 저서 『어떻게 죽을 것인가』에서 사람은 누구나 마지막 순간까지 존엄하고 인간답게 살다가 죽음을 맞이하고 싶어 하는데 이를 성취해 내기 위해서는 결국 죽을 수밖에 없다는 현실을 인정하는 데서부터 시작해야 한다고 말한다(김희정, 2022; Gawande, 2014). 그 한계를 인정할 때 비로소 인간다운 마무리를 준비할 수 있다는 것이다.

1968년 미국 시카고 대학 정신과 의사인 엘리자베스 퀴블러 로스(Kübler-Ross)는 200명의 환자를 면담 후 죽음을 '인간 최후의 성장단계'라고 했다. 또한 삶 속에

겪는 어려움 즉, 낙제, 실연, 강제퇴직, 사별, 질병 같은 것을 '작은 죽음'이라고 하였다. 정신적으로는 죽음을 삶의 마무리 즉, 완성으로 보았다. 그러므로 삶은 죽음으로 가는 것이 아니라 삶의 완성으로 가는 것이라고 하였다.

『죽음과 죽어감』에서 퀴블러 로스는 죽음을 받아들이는 과정 중 마지막 단계가 수용이라고 밝혔다(이진, 2018; Kubler-Ross, 1969). 그는 인터뷰 분석결과를 토대로 5단계의 심리적 단계를 거쳐 다가오는 죽음을 깨닫는다는 것을 발견했다. 즉, 거부(부정), 분노, 협상(타협), 의기소침(우울), 그리고 수용의 5단계이다. 이를 구체적으로 설명하면 다음과 같다(허정무, 2011).

① 거부(부정) 단계

거부(부정) 단계(denial stage)는 임박한 죽음이라는 현실을 거부("아니야, 난 아니야")하고 무언가 잘못되었다고 느끼는 단계이다. 어떤 사람들은 설마 그럴 리가 없다. 나는 아니다(No not me)며 자기가 처한 현재 상황을 받아들이지 못한다. 더 긍정적이고도 만족스러운 처방이 나올 때까지 여기저기 병원과 의사들을 찾아 전전한다. 예상치 못한 사실을 갑자기 접함으로써 생기는 충격에 대한 자기방어이다. 이러한 환자를 상담할 때는 사랑과 관심을 가지고 환자의 소중함을 일깨워 주어야 하며 충분한 시간을 가지고 기다려야 한다.

② 분노(저주) 단계

분노(저주) 단계(anger or rage stage)는 거부가 가족이나 친구 또는 의료진들에게 향한 분노나 저주의 감정("왜 하필이면 내가?")으로 대치되는 단계이다. 이러한 분노는 어쩌면 당연할지도 모른다. 우리 모두 갑자기 방해를 받거나 모든 것이 허사로 돌아가 버린 현실에 직면할 때 너무나 화가 치미는 분노를 표현할 것이다.

③ 협상 단계

협상 단계(bargaining stage)는 죽음을 연기시키기 위해 타협("그래… 내가, 하지만…")하는 데 노력하는 단계이다. 협상 대부분의 경우는 신(神)과 환자 사이에 이루어진다. 환자들은 '신에게 헌신하는 생명'이나 '교회에 봉사하는 생활'을 연장될 생명에 대한 조건으로 약속을 한다.

④ 우울 단계

우울 단계(depression stage)는 의기소침하여 어쩔 수 없는 자신의 형편을 알고 커다란 상실감과 좌절감("아아, 슬프도다!")에 빠진다. 죽음을 수용하려는 마음으로 가족과 친구들에게 마지막 인사를 고할 시간이 된 것이다. 이 세상과 자신을 분리할 준비를 하게 된다.

⑤ 수용 단계

수용 단계(acceptance stage)에서 환자는 이제 우울감도 분노도 더 이상 느끼지 않게 된다. 자신의 형편을 받아들이고("이제 떠날 시간이다") 내적 평화와 감정적 반응은 감소한다. 임종하는 사람들이 자기에게 닥친 마지막을 어느 정도 조용한 시간을 가지고 생각하게 되는 때이다. '긴 여행 전의 마지막 휴식'과 같은 상태가 된다. 이때 환자에게 죽음을 실제로 준비하면서 가치 있는 일을 찾게 한다.

2. 종교적 죽음 이해

1) 기독교

기독교에서 일반적으로 이해하는 죽음은 영혼이 육체로부터 분리되어서 육체는 흙으로 돌아가고 영혼은 하나님에게로 돌아가는 것을 말한다. 그러나 본질적인 관점에서 죽음은 범죄한 인간이 거룩하신 하나님으로부터 분리되어 생명을 주신 하나님으로부터 단절된 상태를 말한다.

하나님께서 주신 생명의 호흡을 가진 인간에게 죽음이 찾아온 것은 언약으로 주신 선악을 알게 하는 나무의 열매를 먹은 아담의 범죄로부터 시작된다. 인류의 조상이자 언약의 대표자인 아담의 범죄는 그 후손인 모든 인류를 죄의 권세 아래 놓이게 만들어 동일한 죽음이라는 형벌을 받게 하였다. 그러므로 기독교에서의 죽음은 원죄에 대한 형벌이자 사후의 영원한 세계로 진입하는 관문 역할을 한다(우정길, 1997).

아담의 범죄로 죽음의 권세 아래 놓이게 된 인간을 구원하기 위해 사람의 몸을 입고 제2의 아담으로 오신 예수 그리스도께서는 십자가에서 죽음을 정복하고 모든 믿는 사람에게 참 생명을 주셨다. 그러므로 그리스도를 믿는 사람은 영원히 죽지 않고 완성된 천국에서 하나님과 그리스도 생명의 풍성함을 누리며 영원히 살게 될 것이다.

삶의 마지막 순간에 영혼과 육체의 분리가 일어난다. 흙으로 만들어진 육체는 흙으로 돌아가고 하나님으로부터 받은 영혼은 그것을 주신 창조주께로 돌아간다(전 12:7). 육체를 떠난 영혼은 새로운 몸을 입고 하나님 앞에서 선과 악의 심판을 받게 되고, 그 후 영원한 죽음(지옥)이나 영원한 생명(천국)으로 나뉘게 된다. 성경은 개인적인 죽음과 함께 예수님의 재림과 함께 올 인류에 대한 최후의 심판에 대해 말씀하고 있다(요 5:29). 모든 인류는 부활하여 하나님과 어린양의 보좌 앞에서 심판을 받아 신자들은 천국으로 불신자들은 지옥으로 가게 될 것이다.

신약성경은 인간에게 피할 수 없는 권세를 가지고 두려움을 주는 죽음에 대해 예수께서 십자가의 죽으시고 부활하심으로 이미 승리하셨음을 말씀하고 있다(롬 8:2). 죄와 사망에서 예수님의 승리는 그분을 믿고 따르는 성도들에게도 동일하게 그 승리가 주어졌으며 마지막 날에 승리하신 예수님께서 주신 생명의 부활로 나타나게 될 것이다.

기독교에서의 부활은 육체의 부활을 의미한다(Chron, 1963). 아퀴나스의 관점에 의하면 영혼은 육체와 분리된 후 계속 생존하긴 하지만 육체 없이는 불완전하기 때문에 육체도 부활해야 한다. 최후의 심판 후 최종적인 부활은 육체의 부활로써 계획되어 있으며, 이 부활은 동시에 불멸성을 의미한다. 여기서 주목할 점은 육체와 영혼이 분리되었음에도 불구하고 여전히 신체적 감각은 존재하는 것으로 설명하고 있다.

기독교의 내세관에서는 천국에 있더라도 육체 없이 영혼만 존재하는 모습은 불완전한 양태로 본다. 따라서 천국에서의 시간은 기본적으로 그리스도의 재현으로 시작될 최후의 심판에서 자신의 육체가 부활할 것을 기다리는 순간들이다. 다시 말해 기독교적 내세관은 현세에서는 죽음 이후 영혼의 부활을 기다리고, 내세에서는 최후의 심판을 통한 육체의 부활을 기다리는 구조로, 육체와 영혼이 모두 부활해야 비로소 완전하게 부활한 것이다(이동윤, 강선보, 2019).

2) 불교

불교에서는 살아있는 동안 착하게 살았거나 나쁘게 산 사람은 죽은 후에 그에 상응하는 다음 생을 받는다고 한다. 혹시 양쪽에 해당하지 않는 사람은 7일씩 각기 다른 심판관에게 가서 그동안 어떻게 살아왔는지 재판을 받는다고 한다. 모든 것이 일시적인 순간이며 부자연스럽고 불안한 상태의 것은 계속 존재할 수 없다고 본다. 지속적인 죽음은 어떤 현상을 중요시하는 세계(현상학 무시), 순간순간 일어나는 죽음은 영원히 반복된다고 보며, 일반적인 죽음은 신체기능이 수명을 다해 멈추는 것으로 본다. 잡아함경(雜阿含經)에서는 죽음을 다음과 같이 말하고 있다.

> "죽음이란 무엇인가? 저러한 중생들이 저러한 종류로 몰락하여 옮겨가되 몸이 파괴되고 壽(수)가 다하며 火(화)가 떠나고 命(명)이 소멸해서 陰(음)을 버리는 때가 이른 것을 죽음이라 한다."
>
> "수와 난과 식은 身(신)을 버릴 때 함께 버린다. 그 몸은 흙더미 속에 버려져 心(심)이 없어 木石(목석)과 같다. 이를 사(죽음)라고 한다."

대승불교에서는 생명의 본질을 존재로 보지 않고 업으로 본다. 이러한 업설의 생명관에서 보면 생명의 존엄은 업의 결과 즉 인과응보이다. 이러한 관점에서 인간의 생명은 본래 존엄한 것이 아니라 고귀한 삶이 생명을 존엄하게 만든다고 볼 수 있다. 즉, 선업을 쌓는 것을 강조하는 불교 윤리의 측면에서 더욱 발전시키고 있다. 결국 대승 보살 사상과 맥을 함께 하고 있으며, 중생구제라는 대승의 등불을 밝히고 있다(한성열, 2019).

불교는 삶과 죽음 그 어떤 것에도 무게 중심을 두고 있지 않다. 어느 것 하나 의미 없지도 않고 가볍지도 않다. 그렇게 끝도 없고 시작도 없는 연속선 안에 있는 것이기에 지금 각자가 처해있는 상황에서 항상 해왔던 것처럼 하면 되는 것이다. 그리고 생(生)도 없고, 멸(滅)도 없다. 이는 법성(法性)에는 본래부터 생멸거래(生滅去來)가 없다는 의미이다(김호귀, 2016).

불교에서는 살아서 자신을 둘러싼 인연을 담담하게 받아들여 인연을 따라 모든 것을 성취하며(隨緣行), 죽음에 이르러서도 삶에 집착하지 않고 여전히 흔들림 없는 마음을 유지하는 것을 가르친다. 삶은 기쁨이고 죽음은 두렵거나 슬픈 일이 아니다. 그냥 단순히 인연 따라 일어난 현상의 하나에 불과한 것일 뿐이다.

그러므로 붙들어야 할 삶이나 밀어내야 할 죽음이란 개념은 없다. 태어나고 죽음이 마치 한 조각의 구름이 일어나고 사라지듯, 인연이 모이면 생기고 인연이 흩어지면 멸하는 하나의 현상일 뿐, 일어남의 기쁨이나 멸함의 슬프고 안타까운 의미 따위는 전혀 개입되지 않는 것이 할 일을 마친 선가(禪家)의 생사 인식이다. 선가(禪家)에서는 삶과 죽음을 하나로 보는 철저한 생사일여관(生死一如觀)이 깔려 있다. 삶과 죽음이 둘이 아니라는 인식이다. 불교에서 몸은 죽으면 지수화풍으로 흩어지고 마는 것이니 무상하다는 것이다. 세상의 모든 것이 고정되어 있지 않고 무너져 버리는데, 몸이라고 해서 예외가 아니라는 뜻이다. 그리고 12 인연법을 설명하고 결국 무명으로 인해 몸을 받아 괴로움을 받고 윤회하게 된다는 내용이다. 이것이 곧 불교 죽음관의 핵심(한성열, 2019)이라 하겠다.

3) 유교

유교 문화는 의례문화라 특징지을 수 있다. 유교에서는 사람들이 죽음을 맞이하게 되면 혼은 하늘로 올라가고, 몸은 땅으로 들어간다고 생각했다. 다른 여러 종교와 다르게 천국과 지옥을 믿거나, 윤회를 믿지 않는다. 이승의 삶과 저승의 삶으로 구분하여 이승에서 살다가 죽으면 저승에서 삶을 이어 간다고 한다. 몸에 대한 생각이 여느 다른 종교와 구분되는데, 죽어 있는 몸을 잘 보살피면 복을 받게 되고 보살피지 못하면 화를 받는다고 생각했다. 자연스럽게 조상을 숭배하는 의식이 여기에서 기인한다.

중용(中庸)에서는 "죽은 사람을 섬기기를 살아있는 사람과 같이하며, 없는 사람 섬기기를 살아 있는 사람 섬기는 것과 같이 해야 한다(事死如事生事亡如事存 孝之至也, 中庸 19章)"라고 하였으며, 원래 상(喪)은 죽었다는 의미인데 이것을 사(死)라 사용하지 않고 상(喪)이라 하는 것은 효의 지극함인데 효자의 마음으로 차마 사(死)라고 사용할 수 없기 때문이다.

유교의 죽음관은 성리학적 죽음관이라 해도 과언이 아니다. 이는 생사관의 관점에서 접근해야 한다. 유교에서는 죽음에 대해 논리적으로 접근하기를 꺼리기 때문에 생과 사의 문제로 접근하는 게 적정하다고 판단되기 때문이다.

성리학적 설명과 지식체계의 구축은 불교가 가진 내세관에 익숙한 백성들을 교화하고 성리학이 생과 사의 문제까지 포괄할 종합적 지식체계라는 점을 공표함으로써 사상적으로 자신감과 우월감을 확립하는 데 중요한 역할을 할 수 있다.

유교는 다른 종교에서 말하는 신비체험이나, 초월자에 대한 숭배는 불필요한 것이 된다. 이렇게 죽고 사는 이치를 쉽게 파악할 수 있는 것은 음양(陰陽)과 기(氣)라는, 이미 형성된 성리학적 지식체계를 받아들이면서 가능해진다. 즉, 삶과 죽음을 이루는 근본적 법칙을 언어적으로 전이시키면서, 이로 인한 지식체계가 형성되는 것이다.

이처럼 만물을 이루는 근원적 요소에 대한 추구와 인간, 우주, 자연을 관통하는 상관적 사유의 전개는 그 법칙을 알고자 하는 지적 욕망을 자극하고, 그렇게 해서 획득된 지식은 학문과 수양, 정치 등 모든 영역을 총괄하는 일정한 지식체계를 형성하게 된다. 이처럼 성리학적 방법론이 모든 자연현상과 인간사에 적용될 수 있다는 믿음이 생기면서, 조선 전기 성리학은 단순한 경세적 사상체계만이 아닌, 인간사의 가장 깊은 문제까지도 해답을 제시할 수 있는 시대의 지도적 이념체계로 자리 잡아 나가게 된다.

4) 유대교

스올(Sheol), 하데스(hades)는 구약과 신약에서 나오는 단어로써 죽음이나 무덤을 의미한다. 히브리인들의 죽음에 대한 이해는 죽은 자들이 가게 되는 스올(Sheol) 사상에 잘 나타나 있다. 스올은 '지하세계', '무덤 같은 곳'(grave), '황량한 광야 같은 곳', '쇠퇴와 조락(凋落)', '쓸쓸한 곳', '무력한 곳', '버려진 곳' 등으로 상징되었으며, 한마디로 생명의 상실이 죽음이었다. 그리고 스올의 공간적 위치는 지하세계로 보았다(우장수, 2014). 스올이라는 지하세계에서는 그림자로서만 존재한다(욥26:5,

사14:9). 천당이나 지옥의 개념은 없고, 죽으면 몸은 땅으로, 영혼은 하나님 곁으로 간다고 생각한다. 사람의 존재와 죽음 이후의 삶의 주인은 신(God)으로서 모든 결정은 신에게 있어서 죽음을 두려워할 필요가 없고, 사는 동안 올바르게 살아야 함을 믿는다. 하나님께서 죽음과 생명을 자유롭게 처리하신다는 기대, 희망, 이것이 유대인들을 믿음의 민족이 되게 하였다. 흙으로 사람을 지으시고 코에 생기를 불어 넣으시고 사람이 되게 하신 하나님께서는 생명의 주인이 되시기에 우리가 생각하지 않은 때에 우리의 생명을 거둬가실 수도 있는 것이다(우장수, 2014).

유대인들은 사람이 사망하면 눈을 감겨준다(창46:4). 이는 죽음과 수면(睡眠)의 유사성으로 설명될 수 있고 아마 세계적으로 보편적 현상일 것이다. 유가족은 시체와 입을 맞추기도 하였다(창50:1). 그다음은 시체를 물로 씻고 몰약과 침향으로 염(殮)을 하였던 것으로 보인다(우장수, 2014).

구약성경에는 죽음이란 '천막의 줄이 끊어지는 것, 천막의 말뚝이 뽑히는 것(욥4:21), 철거되는 천막 자체'로 설명된다(렘10;20). 유목민족으로서의 생존 바탕이 붕괴하는 것이 죽음이라고 여겼다. 죽음의 종류에는 네 가지가 있다. 그것은 '자연사, 하나님과의 관계 단절, 거룩한 전쟁의 죽임(타살), 자살' 등이다(이양구, 2003; Roland, 1960).

첫째, 자연적 죽음의 자연사이다. 사람은 누구나 때가 되면 죽게 마련이다. 죽음에는 자연적 죽음과 비자연적 죽음이 있다. 전자는 하나님이 주신 선천적 수명을 다 누리다 죽게 되는 것으로 누구나 담담하게 받아들이는 것이다. 후자의 것으로는 천수(天壽)를 누리지 못하고 비명(非命)이나 재난으로 사망하는 경우이며, 특히 자살하는 경우는 최악의 죽음이 된다.

둘째, 하나님과의 관계 단절은 비가시적 죽음이다. '하나님과의 교제가 곧 생명이다'라는 사고가 히브리인들의 죽음과 삶에 대한 기본 체계이다. 삶(생명)은 '하나님과 관계를 맺으며 하나님을 찬양하는 행위'이며 죽음은 '하나님과 관계가 단절된 상태'를 뜻한다(문희석, 1993; Hans, 1973). 하나님이야말로 생명의 원천이다.

셋째, 거룩한 전쟁(herem, םלח, 철저진멸, 聖戰, Holy War)으로 인한 죽임 문화가 있었다.

이는 절대적인 여호와 하나님 공동체를 이루기 위한 하나님의 명령이었다. 특히 가나안에 번성하였던 바알(Baal)과 아세라(Ashera) 부부 신을 섬기던 농경민족의 우상숭배는 이스라엘 백성에게는 용납이 될 수 없는 것이었다. 그래서 가나안 진입과정에서 여호와 종교문화와 바알 종교문화의 투쟁과 갈등이 심각하였다. 대표적인 투쟁이 엘리야 예언자와 바알 사제 450명과 아세라 사제 400명과의 1:850의 대결이었다(왕상18:20-40).

넷째, 생명이 하나님께로부터 왔기에 자살은 금지되어 있다. 그러나 예외로 자살하는 경우도 있다. 대표적으로 사울 왕이 사무엘 예언자와 관계가 끊어지고 악령에 시달리다가 마침내 블레셋 군대와 길보아에서 전투하던 중에 패배하게 되고, 그 고통을 이기지 못하고 사울 왕은 자결하였다. 그를 지켜본 무기 담당관도 스스로 목숨을 끊었다.

비석이나 추모소에 돌을 올려 누군가를 추모하는 것은 유대교의 오랜 관습이다. 2차 세계대전 당시 1100명의 유대인을 구해낸 오스카 쉰들러의 실화를 바탕으로 한 영화 '쉰들러 리스트(Schindler's List)'에서 유대인들이 쉰들러의 무덤에 돌을 놓고 간 것도 이 추모 방식을 따른 것이다.

유대인 사이에서도 의견이 분분하지만 공통된 견해는 유대인들이 돌을 '영원함'의 상징으로 본다는 것이다. 히브리어로 돌은 'even'인데 연속성을 상징하는 두 어원인 'av'와 'ben'이 합쳐진 말이다. 반면 꽃은 '소멸'의 상징으로 본다. 유대교 경전에 '꽃은 아름답지만 결국 떨어진다'고 나와 있기 때문이다. 이 때문에 유대인들은 추모의 뜻으로 돌을 올려놓는다. 고인을 영원히 기억하겠다는 의미이다.

또한 종교적인 이유도 있다. 유대교에서는 신과 자신들의 관계를 목동과 양으로 자주 비유한다. 고대 목동은 양을 풀어놓을 때 조약돌로 수를 표시했다가 양을 무사히 집으로 데려갔다. 유대인들은 무덤에 돌을 놓아 신이 고인의 영혼을 놓치지 않고 무사히 데려가길 바란다.

출처: 조선일보(2018.11.02.). 유대교 추모식에선 왜 돌을 올려놓을까

5) 이슬람(평화, 순종)

이슬람의 구원은 선과 악의 행위기준에 의해 천국과 지옥의 삶이 결정된다. 이슬람 내에도 학파들마다 내세관에 대해 세세한 부분에 차이가 있는 것이 사실이다. 그 이유는 꾸란의 내용 중 20% 이상이 종말과 내세에 관한 것이지만 실제로는 상세하게 설명하지 않고 있기 때문에 하디스를 참조할 수밖에 없다(공일주, 2015). 이슬람에서는 인간의 삶이 수태되면서부터 시작된다고 믿는다. 인간이 모태에 수태되어 영원한 내세의 삶을 살기까지 네 단계의 길을 걷는다고 한다. 첫 단계는 모태에서의 삶, 두 번째 단계는 현세에서의 삶, 세 번째 단계는 무덤에서의 삶(Barzakh), 네 번째 단계는 내세(천국 혹은 지옥)에서의 삶이다(고광석, 2016). 일반 종교와 다른 점은 무덤에서의 삶이 있다는 것이다. 사람이 죽으면 마지막 심판 때까지 무덤에서 살게 되는데 이것을 바르자크(Barzakh)라고 한다. 일종의 이승을 떠난 첫 내세라고 할 수 있다. 심판 날까지 무덤에서 산다는 것이다. 하지만 최종목표는 꾸란에서 묘사하고 있는 천국에서 영원히 사는 것이다(고광석, 2016).

이슬람에서 인간은 알라가 정한 운명이 다하면 현세의 삶을 마치고 무덤에서 대기하다가 마지막 날에 알라의 심판을 받아야 하는데 이것을 '죽음'으로 이해한다. 그래서 이슬람에서는 인간이 죽으면 영원한 내세에서 살기 때문에 죽음은 끝이 아니라 새로운 삶의 시작이라고 믿고 있다. 알라는 인간을 만들었고 때가 되면 생명을 가져가고 또 때가 되면 부활하게 하여 심판한다는 것이 이슬람의 내세관이다. 그래서 독실한 무슬림들은 죽음은 알라가 부여한 생명을 다시 가져가는 것이기 때문에 지나친 미련을 두지 않는다. 그러나 이슬람에서 운명적이지 않은 특별한 죽음이 있는데, 그것은 지하드(聖戰)에서의 죽음이다(고광석, 2016). 그들은 알라가 정한 운명의 기한대로 살지 못하고 알라와 이슬람을 위해 목숨을 잃게 되므로 그들의 죽음은 특별한 가치가 있다(우정현, 2010). 그래서 지하드에서 죽은 전사들은 알라의 심판을 거칠 필요가 없이 곧바로 천국으로 들어가게 된다는 꾸란을 믿고 있다(우정현, 2010).

이슬람에서는 인간이 죽으면 세 가지가 무덤까지 따라간다고 한다. 가족과 부와 업적이다. 그중 가족과 부는 돌아오고 한 가지만 남는데 업적이다. 그의 업적은 무덤에 남아 알라의 심판을 기다린다. 그리고 마지막 날 알라 앞에서 오직 자신의 업적 즉 믿음의 척도에 따라 심판을 받기 때문이다(최영길, 2009).

이슬람에서 천국은 여러 개의 공간으로 존재한다고 하는데, 이슬람 학자들에 따라 2개, 4개, 7개 또는 8개를 말한다. 천국은 최상의 쾌락을 누리는 곳이며 천국의 모습은 어느 곳과도 비교가 되지 않는 매우 경이로운 곳으로 묘사하고 있다(최영길, 2010). 지옥도 천국처럼 일곱 층으로 되어있어 가장 낮은 곳으로 내려갈수록 나쁜 곳이며, 그중 지옥에는 무슬림들이 가는 자한남(jahannam), 기독교인들이 가는 우타마(hutamah)와 유대인들이 가는 라자(razah), 위선자들이 가는 하위야(hawiyah), 우상숭배자들이 가는 힘(jahim) 등이 있다고 한다(최영길, 2010). 19명의 천사들이 지옥의 가장자리를 순찰하며 나오려고 하는 자들을 밀어 넣는다.

6) 힌두교(죽음과 부활)

인도의 갠지스강은 죽은 사람과 산 사람을 모두 포용하는 물이라고 여기며, 사람이 죽으면 그곳에서 빠르게 화장한다. 빠른 시간에 화장하는 이유는 불길과 함께 영혼이 하늘로 올라갈 수 있다고 생각하기 때문이다. 힌두교인들은 사람을 화장하는 순간에 거의 울지 않는다. 죽음이란 몸에서만 일어나고 영혼은 다시 환생한다는 윤회를 믿고 있다. 윤회를 거듭하면서 조금씩 깨달아진 진리가 완전해질 때 윤회의 굴레가 끊어지고 신에게 갈 수 있다고 믿는다. 죽음이란 하나의 삶에서 또 하나의 삶으로 갈 수 있는 통과의례라 여기고 있다.

[그림 4-1] 인도 힌두교의 화장문화

출처: 제주인뉴스(2009.06.21.). 인도 힌두교의 장례식(화장)문화.

7) 그리스(헬라)인의 신화

사람이 죽으면 화장을 통해 영혼이 불길과 함께 하늘로 올라가며 자유로워진다고 생각했다. 죽음 뒤에 오는 세계를 좋게 보지 않는다. 절망을 이끌어 내는 위험하고 잔혹한 유령들이 사는 '어두운 세계'로 생각한다. 그리스 신화에 등장하는 하데스가 있는 저승은 깊은 땅속에 있다고 한다.

[그림 4-2] 루카 조르다노(Luca Giordano, 1634년~1705년), 카론(Charon)의 배(1686년경). 피렌체 메디치-리카르디 궁의 벽화

출처: 세종포스트(2016.12.02.). 스틱스강 너머 죽은 자들의 세계.

8) 한국의 무속신앙

무속신앙은 일반적으로 무당을 중심으로 하여 민간에서 전승되고 있는 종교적 현상으로, 민간신앙 중에서도 가장 확고한 신앙체계를 이룬다.

한국의 무속신앙은 기본적으로 생사화복, 그 가운데 죽음을 다루는 데 특화된 원시종교이다. 이론화되지 않지만, 직접적인 삶의 경험과 삶의 욕망을 수긍한다. 한국에서 죽음을 '돌아가셨다'라고 표현하는 것은 무속인들이 삶의 세계를 이승으로 죽음 후의 세계를 저승으로 표현하면서 이승에서 저승으로 돌아가 살게 된다는 의미이다(한성열, 2019). 무속신앙에서 죽음을 처리하는 과정은 저승을 전제로 하고 있으며, 죽은 영혼을 저승으로 잘 보냄으로써 산 자들에게 해를 끼치는 원혼이 되지 않도록 하는 데 초점이 있다. 저승으로 돌아가 살게 되는 영혼을 귀신이라 칭하고, 이승에서 사는 귀신은 원한이 많기 때문에 살아있는 사람에게 고통과 재앙을 주는 두려운 존재로 굿을 하게 된다(최영숙, 2019). 그래서 이승에 대한 집착이 더욱 뚜렷하다. '사후 술 석잔 말고 생전에 한 잔 술이 달다.'라거나 '개똥밭에 굴러도 이승이 낫다.'라는 말은 모두 현세적인 가치관을 드러내는 표현이다.

무속신앙에서는 죽음 자체를 한스러운 것, 죽음을 가져온 것은 부정한 것이라는 기본적 견해를 가지고 있기 때문에 '굿'이라는 의식을 한다. 이는 죽음에 의한 원한이나 불행을 벗어나지 않으면 죽은 자 자신은 물론이고 살아있는 사람에게 나쁜 영향을 미친다고 믿기 때문에 이를 소멸시킬 필요가 있다는 것이다(최길성, 1994). 현세적 가치관에 충실한 점을 보여주고 있다.

무속신앙의 죽음에 대한 의식구조 중 뚜렷한 것은 죽더라도 생전의 경험 가운데 일부는 그대로 남는다는 것으로, 죽은 사람의 영혼이 실제로 산 자와 관계를 유지하게 된다. 생전의 경험 중에서 죽어서도 죽지 않고 살아남는 원한은 강하게 작용한다. 누구에게 한을 가지고 있거나 복수하고자 하는 마음은 오랫동안 남아서 산 자에게 어떤 위험한 행동을 감행하기도 한다. 때로는 개인에 대한 원한과 복수심으로 집단과 사회에 대한 한과 분노를 가진다. 그러나 어느 것이나 현실 생활에서의 복수를 전제로 한 직접적인 것이라기보다는 죽음이란 새로운 차원을 통해서 걸러진 간접적인 것이다(배영기, 2006).

이처럼 무속신앙의 죽음관(한성열, 2019)은 첫째, 죽음은 생명에 대립하는 것이 아닌 또 다른 삶으로 나아가는 지점이며 다른 세계를 위해 맺힌 것을 풀어야 할 이유가 있다는 것이다. 둘째, 무속신앙은 죽음을 인간의 영혼이 보이는 존재에서 떠나 무공간적인 보이지 않는 존재 무시간적 영원 존재로 회귀하는 것으로 보았다. 셋째, 인간은 죽은 후에 자신의 행적에 따라 지옥 또는 극락에서 영원히 산다고 생각했고, 혹은 죽은 후에 종(種)을 달리하여 다시 태어날 수도 있다고 생각한다. 넷째, 무속신앙 자체는 현세에 대해서 집착이라고 할 만큼 관심이 있으며, 현세에 가치를 두고 있어 일회적인 인간의 삶을 보다 긍정적이며 적극적으로 살아갈 수 있도록 하는 기반으로 작용하고 있다.

Chapter >> 05

죽음문화

1. 죽음문화와 장례 이야기
2. 나라별, 지역별 죽음문화

1. 죽음문화와 장례 이야기

4,800여 년 전, 점토판에 새겨진 인류 최초의 이야기 '길가메시'에는 죽음에 관해 이야기하고 있다. 길가메시(수메르어: 𒀭𒉋𒉈𒂵𒎌 빌가메시, 아카드어: 𒄑𒂆𒈦 길가메시)는 고대 메소포타미아 수메르 왕조 초기 시대인 우루크 제1왕조의 전설적인 왕(재위 기원전 2600년경?)으로 수많은 신화나 서사시에 등장하는 영웅이다(위키백과, 2023). 반은 신이고 반은 사람인 길가메시는 친구였던 엔키두의 죽음으로 인해 절망에 빠져 죽음을 세상에서 가장 못된 괴물이라고 생각한다. 길가메시는 죽음이 언젠가 자신을 데려갈 생각에 두려웠고, 죽음을 없앨 방법을 찾으러 떠나게 된다. 그러나 죽음을 없앨 방법은 찾을 수가 없었다. 집으로 돌아온 길가메시는 결혼하여 자녀를 낳게 되는데, 자녀를 통해 자신의 몸은 비록 죽을지라도 자신의 생명은 아이를 통해 계속 이어질 거라는 깨달음을 얻게 된다(오진원, 추덕영, 2017).

[그림 5-1] 길가메시 서사시의 내용을 묘사한 고대 메소포타미아의 부조 작품

출처: 조선일보(2023.1.3.). [주경철의 히스토리아 노바 - 82] 인류 최초의 서사시, 길가메시.

장례라는 이야기, 죽음이라는 이야기는 동서양뿐만 아니라 세계 어떤 나라 사람들에게도 해결하지 못하는 미제이다. 길가메시의 이야기는 세상에서 제일 오래된 이야기이다. 그러나 죽음에 관계된 이야기를 하는 것은 그만큼 죽음이 사람들에게 큰 영향을 주고 있다는 사실이다. 중국의 진시황(BC 259~210)이라는 막강한 권력을 자랑했던 황제도 죽지 않기 위해 불사약을 찾으려 했으나 찾지 못하고 죽음을 맞이했다. 진시황뿐 아니라 많은 사람이 시대와 장소를 불문하고 죽음에 대해 생각하기 시작했다.

[그림 5-2] 거친파도속 서복군단

출처: 코리아플러스(2022.08.22.). "불로장생"을 꿈꾸었던 진시황.

죽음 뒤에 무엇이 있을까? 그래서 생겨난 문화가 바로 장례문화이다. 장례문화의 특징 중 한 가지는 죽은 사람만 장례에 해당하지 않고 살아있는 사람도 장례문화에 해당된다. 결국 삶과 죽음은 수레바퀴와 같고 동전의 양면과도 같다. 서로 별개일 수 없는 삶과 죽음은 각 나라와 사람들에게 맞는 여러 가지 문화로써 다가오게 되었다.

2. 나라별, 지역별 죽음문화

1) 한국 사회의 죽음문화

한국인의 죽음에는 한국의 사상과 종교적 전통에 대한 이해가 필요하다. 한국은 무속, 불교, 도교, 유교, 기독교 등의 종교적 문화가 사상과 혼합되어 현대의 문화까지 오게 되었다. 무속신앙(삼국시대)에서 보는 죽음은 이승과 저승으로 나뉘었으나 서로 연결되어, 죽음을 통해 이승에서 저승으로 옮겨간다고 생각했다. 삶과 죽음은 하나로써 죽음을 삶의 연속으로 해석하여 수의를 만들어 죽음을 준비하며 죽은 사람이 저승으로 간다는 생각으로 춤과 노래를 행하였다. 신라시대 불교문화는 죽음에 대한 관념은 변하지 않았으나 죽음 후 화장하는 풍습이 생겨났다. 고려시대는 무속신앙과 불교적 문화가 더해진 유교식 상례(喪禮, 장례식의 유교적 절차)가 제정되어 유교식 토장과 불교식 화장법이 함께 주류를 이루었다.

조선시대는 유교가 국교가 되면서 불교식이었던 화장이 금지되었고, 사별한 사람들을 위로하기 위한 초종의식(사별한 사람들이 죽음으로 인한 상실[충격, 비탄] 경험), 장송의식(상실감을 수용), 상제의식(죽음의 사실을 받아들이고 슬픔도 어느 정도 극복)의 세 단계로 상례가 주류를 이루었다. 조선시대 이후에는 무속신앙, 도교, 불교, 유교, 기독교 등의 문화가 혼재된 특성을 나타냈다.

한국의 죽음문화는 삶과 죽음을 영혼과 육신의 결합과 분리에 따라 구분하고, 이승과 저승의 세계를 수용하는 것에 근본을 두고 있는 것으로 나타난다(조계화, 이윤주, 이현지, 2006).

2) 일본의 죽음문화

일본에서 차에 탄 채로 조문하는 '드라이브 스루(Drive-Thru)' 방식의 장례식장이 등장해 주목받고 있다. 아사히신문, 교도통신 등에 따르면 관혼상제 업체 '렉스트 아이(Lext Ai)'는 이날 나가노(長野)현 우에다(上田)시에 '드라이브 스루 장례식장'을 열었다. 운영 방식만 보면 이 장례식장은 드라이브 스루 패스트푸드점과 크게 다르지 않다. 조문자는 차에서 내리지 않은 채 접수대에 차를 멈춘 다음 태블릿 PC의 방명록에 이름을 적고 불을 붙이지 않는 전열식 향을 직원에게 건넨다.

일본의 '드라이브 스루 장례식장'에서 업체 측이 조문하는 시범을 보인다.

출처: 중부일보(2017.12.17.). 편리하긴 하겠지만… 차에 탄 채로 조문하는 장례식장 등장.

조문자는 접수대 뒤 큰 창 너머로 빈소 내부의 모습을 볼 수 있다. 조문자가 도착하면 빈소의 램프에 불이 들어오는데, 상주들은 모니터 화면을 통해 조문자가 향을 올리는 것을 확인할 수 있다.

조문자는 접수대 뒤 큰 창 너머로 빈소 내부의 모습을 볼 수 있다.

출처: 중부일보(2017.12.17.). 편리하긴 하겠지만… 차에 탄 채로 조문하는 장례식장 등장.

이 업체가 이런 새로운 방식의 장례식장을 도입한 것은 한 사람이라도 더 많은 사람이 빈소에 오면 고인이 기뻐할 것이라는 판단에서다. 보통의 장례식장이라면 가기 힘든 고령자, 혹은 신체가 부자유스러운 사람도 드라이브 스루 방식이면 빈소에 가는 부담을 덜 수 있다. 렉스트 아이(Lext Ai)는 "'남에게 피해를 주지 않으려 장례식장에 가지 않았다'는 고령자의 말을 듣고 새 방식의 장례식장을 도입하기로 결심했다"며 "복장을 갖추지 않고 조문을 할 수 있는 것도 장점"이라고 말했다.

그는 "원래 새로운 방식은 받아들이기 힘들다"며 "드라이브 스루 장례식이 익숙하지 않기는 하지만, 도전하지 않으면 시대에 맞는 새로운 방식이 탄생할 수 없다"라고 말했다(연합뉴스, 2017).

3) 동남아시아의 죽음문화

중국 남부 지방이나 필리핀, 인도네시아 등 동남아시아 여러 지역을 가다 보면 깎아지른 절벽에 관을 매달아 놓은 문화를 볼 수 있는데, 동물이나 악귀들의 공격으로부터 안전하게 시신을 보호하려는 것을 볼 수 있다. 이렇게 시신을 매달게 되면 영혼이 편안하게 쉬고, 하늘로도 쉽게 올라갈 수 있고, 조상의 영혼이 후손들을 보호하고 도와줄 것이라고 믿었기 때문이다(오진원, 추덕영, 2017).

전통 암벽 무덤과 타우타우(Tau-tau)의 모습

출처: 무등일보(2020.12.23.). 조현종박사의 고고학 산책〈20〉 인도네시아 토라자족의 입석.

4) 중동사회의 죽음문화

이슬람 문화권에 속하는 중동사회의 사람들 대부분은 죽음이 만유의 창조주인 알라에게로 귀의하는 것이라고 믿었다. 개인의 죽음은 모든 것의 종말이라고 생각하지 않았고, 죽음은 영혼이 육체와 분리된 후 천상 세계로 돌아가는 것으로 의미한다.

수메르와 아카드 문명에서 발견되고 알려진 신화와 문헌들이 표현하는 것은 죽음이라는 문제를 인간 존재의 중심 문제로 여겼다는 것이다. 그들은 인간이 죽어서 영혼이 되며, 그들은 대개 무덤을 거쳐 지하세계에 들어가는 것으로 인식하였다. 이러한 영혼들이 들어가는 지하세계 전체를 아랄루(Aralu)라고 불렀으며, 이 공간을 땅 밑의 거대하고 우주적인 공간으로 인식하였다. 수메르와 아카드의 사람들은 사람이 죽을 때, 어둡고 먼지투성이며, 공포로 가득한 영역으로 들어가 지하세계를 주관하는 신들 앞으로 안내되고, 이들에게 심판받게 된다고 생각하였다. 또한 그들이 받는 심판의 기준은 불명확하며, 그 공간 자체는 아무런 희망이나 즐거움이 없는 세계로 묘사하고 있다(서창립, 2015).

5) 서구사회의 죽음문화

초기 중세시대에는 자연과 신의 법에 따라 이 세계가 연결되어 있다고 생각하여 사후 세계에 관해 다소 긍정적 관점을 가지고 있다. 모든 사람에게 일어나는 일련의 사건이며 재회를 약속하는 의미로 이해하였고, 중세 중기에는 죽음이 구원이며 천국으로의 입문이라 생각하였다. 한편으로는 홀로 심판의 날을 직면해야 한다는 두려움과 불안감이 있었지만, 죽는 순간에 어떻게 죽는지가 매우 중요한 문제로 자신의 행동을 재검토하는 유일한 기회로 여기게 된다. 죽음 후의 의식은 죽은 이를 기억하기 위한 욕망과 슬픔 및 비탄을 표현하는 데 초점을 두었다.

미국은 19세기 산업화로 이행하면서 죽음에 대한 낭만적인 가치보다 장례를 하나의 문화적 패키지로 제도화했다. 미국인들은 장례를 죽은 자에 대한 명상과 그와 연관하여 현실로 남겨진 자신들의 삶을 반추하는 계기로 인식했고, 유한한 자신들의 삶을 아쉬워했다(박선영, 2008). 그러나 미국은 영국의 청교도들이 정착하여 세운 나라로써 죽음 뒤에는 천국에서 다시 재회할 것을 믿는 기독교 죽음문화이다. 성경에서 이야기하는 것처럼 육신은 흙으로 만들어져 있어 흙으로 돌아가는 것을 당연하게 여기고 땅속에 매장하는 문화이다.

"네가 흙으로 돌아갈 때까지 얼굴에 땀을 흘려야 먹을 것을 먹으리니 네가 그것에서 취함을 입었음이라 너는 흙이니 흙으로 돌아갈 것이니라 하시니라(창세기 3:19)"

"그가 그의 밭머리에 있는 그의 막벨라 굴을 내게 주도록 하되 충분한 대가를 받고 그 굴을 내게 주어 당신들 중에서 매장할 소유지가 되게 하기를 원하노라 하매(창세기 23:9)"

기독교의 죽음문화는 구약성서를 통해 그 기원을 알 수 있다. 구약의 창세기부터 시편 이후까지는 죽음의 보편성과 아울러 연관된 인생의 허무함을 제시하고 있다. 특히 죄와 관련이 있는 죽음은 죄의 결과라고 말한다.

로마인들은 죽은 자에 대한 자비심을 매우 민감하게 드러냈다. 지금은 많은 부분이 생략되었지만, 그 대표적인 사례는 임종의 순간에 행해졌던 절차이다. 임종이 임박하면 시신을 맨땅에 내려놓은 다음 키스로 죽어가는 자의 마지막 숨결에 동참했고, 절명한 후에는 그 주변에 있던 사람들이 죽은 자의 이름을 큰 소리로 부르는 소명의식을 거행했다. 로마시민들은 죽음을 가톨릭이라는 종교를 통해 극복해 왔다. 임종 시에는 동네 교회에서 장례식을 치르고 교회에선 조종을 울려 망자의 천국행을 기원하는데 죽음을 종교와 일치시켜 죽음에 대한 슬픔을 종교로써 이겨내는 행위였다(박선영, 2008).

6) 뉴질랜드의 죽음문화

뉴질랜드 마오리족은 사람이 죽으면 그 영혼이 뉴질랜드 북쪽 끝에 있는 케이프 레잉가 쪽 고향으로 여기는 상상의 섬을 향한 긴 여행을 떠난다고 생각한다. 이러한 특정 문화는 문화적 가치 기준을 지키는 사람들을 보호해 준다. 무엇보다 문화는 '이 세상은 좋은 사람들에게는 불행한 일이 일어나지 않는 공정한 세상'이라는 생각을 심어준다. 또한, 종교적인 의미 등으로 상징적인 불멸성을 부여해 줌으로써 문화적 가치 기준을 지키는 사람들의 안전을 약속해 준다. 이렇게 문화적 가치 기준을 지키는 것은 스스로 자신이 속한 세상의 가치 있는 구성원으로 인식하게 하고, 이는 결국 죽음에 대한 공포에 대처할 수 있도록 도와준다(황인수, 김미안, 이진경, 2019).

2019년 발생한 자칭 '백인 우월주의자'의 총격 테러로 50명이 목숨을 잃은 뉴질랜드에서 추모의 의미로 마오리족의 전통춤 '하카'(haka)를 추는 장면이 전 세계에 반향을 일으켰다. 이민족·이교도에 대한 증오가 낳은 참사를 사랑과 연대로 극복하고 있다는 평가가 나왔다. 참사 1주일 만인 22일 뉴질랜드 크라이스트처치 알누르 모스크(이슬람사원) 근처에서 수천 명이 운집한 가운데 열린 추모식에서 가말 포우다 이맘(종교지도자)은 특별히 '하카 의식'을 언급하며 감사를 표했다. 그는 "(테러 후) 뉴질랜드인들이 보여준 눈물과 하카, 사랑, 연민에 감사드린다"고 했다. 하카는 주로 마오리족 용사들이 전쟁에 나가기 전 승리를 기원하기 위해 추는 것으로 알려진 전통춤이다. 여러 사람이 다리를 벌리고 서서 발을 구르거나 고함을 치며, 눈을 부릅뜨고 혀를 내미는 동작 등이 특징이다. 뉴질랜드 국가대표 럭비팀 '올 블랙'이 경기 전 상대방 기선을 제압하기 위해 괴성을 지르며 이 춤을 추는 장면은 유튜브에서 3,500만 회 이상 조회될 정도로 널리 알려져 있다.

뉴질랜드 럭비 대표팀 '올 블랙'이 경기 전 하카를 추는 장면

출처: 세계일보(2019.3.22.). 뉴질랜드에선 왜 테러 희생자를 애도하며 하카 춤을 출까.

매튜 투카키 뉴질랜드 마오리위원회(Maori Council) 상임이사는 이날 영국 BBC방송에 "하카는 종종 전쟁 무용으로 받아들여지지만, 사실 이 춤의 주된 테마는 존중"이라고 설명했다. 실제 하카 춤은 마오리족 사이에서도 상황에 따라 혹은 누가 전수했느냐에 따라 춤을 추는 방식이 다르다. 지역 · 부족마다 고유한 하카가 있어서 전체적으로는 수백 가지 형태가 있다고 한다.

상대에 대한 위협 · 경고라는 하카 춤의 의미도 세월이 흐르며 달라졌다. 현재 뉴질랜드에서는 영국 왕족 등 외국 귀빈이 방문했을 때 말고도 생일잔치나 결혼식, 기념일, 부족장이나 고위직 인사의 장례식 등 다양한 상황에서 하카를 춘다.

테러 참사 후 많은 학생, 심지어 폭주족까지 인종을 초월해 하카 춤을 추면서 테러 희생자를 애도하는 장면이 뉴질랜드인에게는 어색하지 않은 이유다.

뉴질랜드 폭주족들이 이슬람사원 총격사건의 희생자들을 애도하기 위해 하카 춤을 추고 있다.

출처: 세계일보(2019.3.22.). 뉴질랜드에선 왜 테러 희생자를 애도하며 하카 춤을 출까.

7) 아프리카의 죽음문화

아프리카에서는 근본적으로 죽음을 긍정적으로 인식한다. 죽음은 개인의 삶 전체성에 완전히 통합된다는 관점을 가지고 있다. 죽음의 반대가 출생이며 출생이 인간을 연결하는 하나의 사건으로 죽은 사람들과 후에 다시 태어날 사람을 연결하는 것으로 생각한다. 사후 세계는 현실에서 다른 세계로 떠나는 이세계(異世界)이며, 삶의 세계가 사후의 세계로 인식한다(조계화, 이윤주, 이현지, 2006). 그러므로 죽음이 끝이 아닌 것으로 믿는다.

아프리카 케냐 장례식

출처: 굿뉴스데일리(2013.11.15.). 노래하고 춤추는 장례식.

Chapter >> 06

죽음 유형

1. 비자발적 죽음
2. 자발적 죽음(자살)
3. 안락사
4. 존엄사
5. 인공유산(낙태)
6. 죽음과 도덕성

1. 비자발적 죽음

물질문명의 발달은 편안하고 안락한 삶을 추구하는 사람들의 욕구를 충족하는 이유가 되었다. 성공과 풍요는 이제 보증처럼 삶의 이정표로 목적지를 가르쳐 주고 있는 듯하다. 그러나 과거보다 많은 위험에 노출되어 삶을 위협받는 경우의 수가 늘어났고, 대안이 없이 자발적이거나, 자발적이지 않거나 죽음의 영향을 받으면서 살아간다.

최근 위험을 사회문제로 인식하게 되면서 국가와 국민이 함께 해결해야 하는 문제로 부각되기 시작하였다. 현대사회는 이러한 재해와 재난에 따른 손실, 고통, 파괴를 사회활동으로 야기된 위험으로부터 극복을 모색해야 한다(노진철, 2014).

울리히 베크(Ulrich Beck)은 1986년 『위험사회(Risk Society)』를 발간하며 '위험사회'라는 단어를 세상에 알렸다(Ulrich Beck, 1986). '위험사회'란 과학기술 발전으로 일궈낸 사회 속에서 현대인들이 당면하게 된 예측 불가능한 불덩이와 같은 것이다. 비약적인 발전과 경제성장으로 사람들의 삶은 더욱 쾌적하고 윤택해졌지만, 위험사회에서의 위험은 인간이 발전시킨 고도화된 과학기술 때문에 각종 위험은 커나가고 있다(홍성태, 1997; Ulrich Beck, 1986).

재난(災難, disaster)은 재앙, 위기, 위험 등과 혼용되어 사용되기도 한다. 표준국어대사전(2023)에서는 "뜻밖에 일어난 재앙과 고난으로 보며, 「재난 및 안전관리 기본법」 제3조에서는 '국민의 생명 · 신체 · 재산과 국가에 피해를 주거나 줄 수 있는 것'으로 정의하고 있다(법제처, 2023). 이를 정리하면, 갑작스럽게 발생한 위기상황으로 국민과 국가에 피해를 주거나 줄 수 있는 것을 재난으로 볼 수 있겠다(박병현, 김수영, 2018).

최근 위험의 특성은 불확실성으로서의 재난이다(disaster as uncertainty). 이 패러다임은 첫째, 재난은 실재하는 혹은 가상의 어떤 위해(danger)가 공동체를 위협하는 것에서 시작된다. 이 위해는 그 원인과 결과가 뚜렷하지 않은 불확실성을 띤다.

둘째, 이러한 현대사회에서의 불확실성은 사회 자체의 복잡성 증가에서 비롯된다. 즉, 외부의 요인보다는 사회 자체의 복잡성에 의해 사회 고유의 의미체계(systems of meaning)가 혼란스러워지고, 혼란은 불확실성을 야기한다. 셋째, 이러한 불확실성으로 인하여 사회공동체의 구성원들이 기존의 이해 방식으로는 현재 사태의 심각성을 파악할 수 없는 경우 우리는 이러한 상태를 재난이라고 부를 수 있다(정지범 외, 2009).

재난은 자연적 재난과 사회적 재난으로 구분된다. 자연적 재난은 근본적으로 예방이 어려운 불가항력적 특징이 있지만, 사회적 재난은 인위적이라는 점에서 예방이 가능하다(진병문, 박재영, 안대명, 윤혜경, 2017). 자연적 재난은 광범위한 지역에 걸쳐 이루어지며 대응활동이나 통제가 제한적으로 진행되며 진행 기간이 장기간에 걸쳐 완만하게 이루어지는 것에 비해 사회적 재난은 국소지역에서 일어나며 대응활동, 재난 통제의 가능성이 상대적으로 높다. 그리고 단시간에 걸쳐 완결된다(진병문, 박재영, 안대명, 윤혜경, 2017).

〈표 6-1〉 재난 유형

구분	유형
자연재난	태풍, 홍수, 강풍, 풍랑, 해일, 대설, 낙뢰, 가뭄, 지진, 황사 등
사회적 재난	에너지, 통신, 교통, 금융 등 국가기반체게 마비 및 감염병, 가축전염병
인적 재난	화재, 붕괴, 폭발, 교통사고, 화생방, 환경오염 등

출처: 대한민국 정보 대표 블로그 '정책공감'

이러한 재난은 개인이 의도하진 않았지만 죽음을 맞이하는 경우 예측 불가능하다. 사람들은 이러한 의도치 않은 죽음에 대해 '운' 또는 정해진 '운명'으로 여기는 경우가 많다. 그리고 의도치 않은 죽음에 대해 피하고자 하는 노력을 통해 조금은 의도치 않은 죽음을 대처하고 있다. 예를 들자면, 사고를 미리 방지하고자 하는 노력이다. 공사장에선 안전모를 착용해야 하고, 수영하기 전에 준비운동 등이 사고를 막아 의도치 않은 죽음을 방지하려는 노력의 범주에 해당한다. 하지만 이런 노력은 개인 차원에서 어느 정도 통제할 수 있는 부분이지만, 개인적인 통제가 불가능한 외부에서 발생하는 사고에 대해서는 의도치 않은 죽음을 방지하기 어렵다. 예상하지 못한 폭력으로 인한 죽음의 결과 또한 외부적 영향으로 인한 비자발적인 죽음에 해당한다.

질병으로 인한 죽음 또한 미리 방지하긴 어렵다. 누구나 질병에 노출되어 있지만 내가 아니길 바라는 마음과 다른 사람에게 해당하는 일이라고 생각한다. 사람이 평균 81세까지 생존할 경우 암에 걸릴 확률은 37%로 3명 중 1명이 암 환자가 된다고 한다(KBS 생로병사의 비밀 제작팀, 2014). 이러한 사실을 통해 스스로가 죽음에 안전하지 않다는 것을 알게 된다.

재난을 당한 경우도 같다. 홍수, 지진, 가뭄 등의 자연적인 재난과 전쟁이나 부주의로 인한 화재 등의 인위적인 재난들도 스스로가 원하지 않은 비자발적 죽음이다.

2. 자발적 죽음(자살)

자살(suicidium)이라는 말은 17세기에 라틴어 'sui(self)'와 'cidium(to kill)'을 뜻하는 'caedere'에서 파생된 합성어로, '자발적 또는 의도적으로 스스로 목숨을 끊는 행위'로 정의되고 있다(표준국어대사전, 2023). 즉, 자신의 자유의사에 의해 자신의 생명을 끊는 행위이다. 자살하려는 생각으로 시작되어 자살 시도의 단계를 지나 자살로 이어지게 되는 자신을 향한 공격행위이다.

사회학적인 측면에서 뒤르켐(Durkheim, 1897)은 "자살은 희생자 자신이 일어날 결과를 알고 행하는 적극적 혹은 소극적 행위에서 비롯되는 직접적 혹은 간접적 결과로 일어나는 모든 죽음의 사례들에 적용된다(김충선, 1994)."라고 하였다. 또 심리학자인 에드윈 슈나이드먼(Shneidman, 1985)은 "서구 세계에서 현재 자살은 자기를 소멸시키기 위한 의식적 행위이며 자살이 문제의 가장 좋은 해결책이라고 인식한 도움이 필요한 사람의 다면적인 불쾌감으로 가장 잘 이해될 수 있다(Maris, Berman & Silverman, 2000)."라고 하였다.

마리스(Maris et al, 2000)에 의하면 자살은 본인의 죽음으로 인해 사망진단서가 기록되어야 하는 것이고 자신에 의해서 자신에게 가해진 행위로서 의도된 것이며, 간접적이거나 수동적일 수 있다는 것이다(허정미, 2011).

삶을 살아가면서 받는 여러 가지 스트레스와 변하지 않을 것만 같은 상황에 대해서 자살이라는 방법으로 해결해 보려는 선택을 한 번도 하지 않은 사람은 없을 것 같다. 자기 삶에 대한 사랑의 다른 표현일 수 있다. 사회 각계각층의 사람들이 자신의 삶에서 일어나는 여러 가지 문제들로 인해 스스로 목숨을 끊고자 하는 경우가 많이 일어난다. 학생들은 학업에 대한 문제로, 친구에 대한 문제로, 생활고로 인한 자살도 있다. 과도한 업무 스트레스는 직장인들을 자살의 유혹으로부터 자유롭지 못하게 하고 있다. '베르테르의 슬픔'처럼 모방으로 이어지는 자살 또한 언제든지 삶을 유혹하고 있어 자살에 대한 각별한 경계가 필요하다.

자살의 원인으로는 심리적 갈등을 동반한 불합리한 외적 환경에 대해서 자신의 힘으로는 도저히 극복할 수 없음을 인식하고, 도피하기 위해 자신의 의지와 물리적인 힘을 사용한다.

전 세계적으로 매일 하루에 1,000명이 스스로 목숨을 끊는다고 한다. 자살은 어떤 특수계층이나 특정 연령대에 국한되지 않는다. 또한 사회 전반에 걸쳐 폭넓게 나타나며 해마다 자살에 대한 비중이 늘어나고 있다.

대한민국의 사망원인 5위가 바로 자살이고, OECD 회원국 중에서 자살률 1위의 불명예스러운 위치에 있다. 우리나라는 2011년 이후 2017년까지 6년 연속 자살률이 감소하며 큰 성과가 나타났으나, 2018년에 자살률은 증가하였고 이는 우리가 조금 더 자살에 대한 경각심을 가지고 주변을 돌봐야 함을 보여준다.

[그림 6-1] 우리나라 사망원인 순위

출처: 중앙자살예방센터(2019).

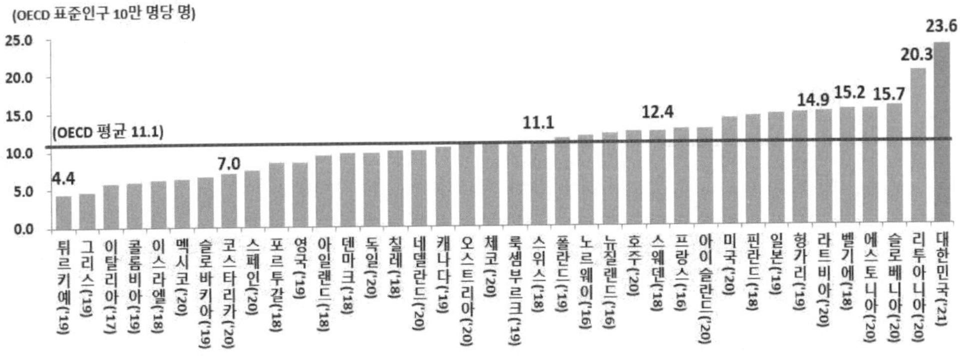

[그림 6-2] OECD 국가 연령표준화 자살률 비교

출처: 보건복지부(2022). 보도자료: 2021년 자살사망자 1만 3,352명, 지난해 대비 소폭 증가. 세종: 보건복지부.

2008년 10월에 있었던 (故) 최진실 씨의 자살 사건은 사회적으로 엄청난 파장을 일으켰다. (故) 최진실 씨의 영향력이 그만큼 컸기 때문이라 생각된다. 그러나 그 뒤에 이어진 최진영(동생), 조성민(전남편), 최진실 씨 매니저 등 연속적인 자살에 대해서는 우리 사회가 함께 풀어야 할 큰 과제로 남았다. 자살은 사회의 심각한 정신병리 현상을 낳는 일종의 사회적 정신병이라고 한다.

우리는 사람들이 광대한 네트워크를 통해 서로 연결돼 있다는 개념을 공유하면서 사회적 영향이 우리가 아는 사람한테만 미치고 끝나는 게 아니다. 즉, 우리가 친구에게 영향을 주면, 그들은 다시 다른 친구들에게 영향을 주기 때문에 결국 우리의 행동은 우리가 전혀 만난 적도 없는 사람들에게까지 영향을 미칠 수 있다(이충호, 2010; Christakis & Fowler, 2009).

생각은 전파되는 힘이 큰 까닭에 사회에서 이렇듯 부정적인 현상이 일어나고 그것을 크게 취급하다 보면 동시대 사람들의 생각 역시 부정적으로 전염될 수밖에 없다(오진탁, 2007).

이 사회는 공부, 외모 등에서 1등이 되어야 한다는 강박증과 물질 만능주의와 빠른 속도로 변모하는 가족 구성원의 해체 등은 자살의 병리적인 현상에 대해 그 원인을 제공하고 있다고 하여도 어색하지 않다.

자살에 관한 이론적 접근은 크게 사회학적, 심리학적, 유전 생물학적, 스트레스-취약성과 같은 모델 등으로 제안하고 있는데 이를 살펴보면 다음과 같다.

첫째, 사회학자 뒤르켐(Durkheim, 1897)은 자살론을 통해 개인 현상을 사회학적으로 분석하여 그 이면에 내재되어 있는 사회적 의미를 분석하는 사회학적 모델을 제시하였다. 자살유형은 사회적 구속성과 연대성이라고 하는 통합성 정도에 따라서 이기적 자살(egoistic suicide), 이타적 자살(altruistic suicide), 아노미적 자살(anomic Suicide), 그리고 운명적 자살(fatalistic suicide)이라는 네 가지 기본적 자살의 형태를 구분하였다(Maris, Berman & Silverman, 2000).

① 이기적 자살(egoistic suicide)은 사회집단에 강력하게 융화되지 않는 사람들의 자살로서 사회적 연대성이 낮고, 사회적 유대가 끊김으로 사회적으로 격리되고 사회적 지지를 잃음으로써 고립감, 소외감에 빠져 나타난다고 보고 있다.

② 이타적 자살(altruistic suicide)은 사회집단과 지나치게 융화되어 높은 사회적 연

대성과 사회를 위해 자살하는 경우로 의무감으로 자신을 희생시키는 것이 여기에 해당한다.

③ 아노미적 자살(anomic suicide)은 사회에 적응 혹은 유화되는 것이 차단되거나 와해됨으로써 행동의 일상적인 기준을 상실한 경우 개인적 요구와 사회 집단적 양심이 일치되지 않는 경우에 나타나는 자살 형태이다.

④ 숙명적 자살(fatalistic suicide)은 사회적 구속성이 높은 사회에서 발생하며 구성원들에 관한 사회의 통제력이 너무 강하여 구성원들이 더 이상 삶에 관한 희망을 발견할 수 없게 되었을 때 유일하게 탈출구로 선택하는 것으로서 자살을 시도하게 된다.

둘째, 심리학적 모델이다. 자살의 심리학적 기제에 따른 정의를 보면, 프로이트(Sigmund Freud, 1856~1939)는 죽음의 본능(Thanatos)과 삶의 본능(Eros) 사이의 갈등에서 죽음의 본능이 우세할 때 자살이 발생한다고 하였고, 내적으로 현실적인 기대나 기준에 미치지 못할 때 인지적으로 경직해지고 관심 자체가 협소해지며 자신의 감정으로부터 도피하고자 자살이라는 자기 파괴적인 선택을 한다고 보았다. 개인은 이런 부정적 정서인 고통스러운 생각과 감정을 없애 줄 수 있는 수단을 찾게 되는데, 이 과정에서 인지적 몰락(cognitive deconstruction) 상태가 발생한다(Baumeister, 1990). 이와 함께, 정신분석학적으로 프로이트(Freud)는 자신의 연구 『애도와 우울증(Mourning and Melancholia)』에서 자살을 '자신이 동일시한 대상에 대한 무의식적인 공격'이라고 기술하고, 이를 개인의 우울함이 자신이 만든 상징적 대상의 상실로부터 발생하는 것처럼, 자살도 자기도취적 대상의 상실 및 결여가 내면화될 때 발생한다고 보았다(Freud, 1917). 또한 정신역동적인 측면으로 메닝거(Menninger는 그의 저서 『자신에 대항하는 사람(Man Against Himself)』에서 자살의 동기를 죽이고 싶은 의도(the wish to kill), 죽임을 당하고 싶은 의도(the wish to be killed), 죽고 싶은 의도(the wish to die)로 세 가지 측면을 제시하였다(Menninger, 1966).

① 죽이고 싶은 의도는 적개심, 복수, 파멸, 공격성, 규탄 등으로 이루어진 동

기를 말한다.

② 죽임을 당하고 싶은 의도는 복종, 피가학성, 자기규탄 등이 포함된다.

③ 죽고 싶은 의도는 절망, 공포, 피곤, 낙망, 고통, 질병 등에 의해 촉발되는 동기이다.

메닝거(Menninger)는 앞서 말한 3가지 동기들이 촉발되었을 때 "사람의 성격과 환경에 따라 자살에 이르게 한다"고 말하였다.

셋째, 자살과 관련하여 취약한 유전적, 생물학적 특징이 있다고 하여 유전 생물학적 모델을 설명하고 있다. 대표적인 학자 베츨러(Baechler)에 의하면 일반적으로 자살유가족들이 그렇지 않은 사람들에 비해 자살이나 자살 시도율이 현저하게 높다고 하였다(Baechler, 1979). 이는 유전되는 특질 가운데에서 자살을 일으킬 수 있는 특질이 존재하며, 이와 같은 특질이 유전되어 자살에 부정적인 영향을 미친다고 보는 것이다. 또한 로이(Roy)는 자살 성향 자체가 유전인자를 통하여 후대에 전달된다는 가설로서 '자살 성향의 배후에는 정신질환에 약한 유전인자가 있으며 이 인자가 계속 유전된다'라고 주장하였다(Roy, 1991).

넷째, 스트레스-취약성 모델로서 자살과 관련하여 개인과 사회환경과의 상호작용을 충분히 설명할 수 없는 문제를 보완하기 위해 제시된 것으로, 모시츠키(Moscicki)에 의하면 사람들에게서 나타나는 유전적 또는 사회 심리적 요인과 개인이 속해 있는 환경과의 상호작용 경험이 심리장애의 원인이 된다는 관점으로 이는 자살 배경이 되는 촉발사건(precipitating events)과 취약성 요인(risk factors, predisposing factors)과의 상호작용을 이해하는 것이 중요하다고 주장하였다(Moscicki, 1995). 스트레스의 경우도 스트레스가 발생하게 되는 모든 상황이 스트레스원이 되는 것은 아니고 스트레스원이 되기 위해서는 스트레스가 발생할 수 있는 상황이 일정 기간 이상 지속되어야 하며 문제가 심각하여야 하고, 예측이 불가능과 함께 통제 불가능하다고 지각하여야 한다. 또한, 자신감이 결여되고 마지막으로 사건이 우발적으로 발생되어야 한다는 것이다. 지금까지 알려진 스트레스원은 주요 생활의 변화나 우발적 사건, 일상생활에서의 잔일 거리 등이다(안경석, 2015).

사회정신병리적 현상인 자살을 막을 방법은 여러 가지가 있겠지만, 우리나라에 특별히 필요한 교육은 사랑교육과 죽음교육이라고 할 수 있다. 그래서 죽음교육의 필요성을 제안한다.

죽음을 준비하는 교육이라는 것에 대해 대부분 사람은 삶의 마지막을 준비하라는 뜻으로 받아들인다. 그러다 보니 현실과 동떨어져 보이기에 죽음을 준비하는 교육에 대해 지금 당장 필요 없는 혹여 고칠 수 없는 병에 걸리거나, 노화로 인해 삶의 종착역에 이른 사람에게 해당하는 것처럼 생각한다. 그러나 죽음을 준비하는 것은 인생의 유한함을 통해 자신의 삶을 돌아보고 앞으로의 삶을 가치 있게 살자는 것에 뜻이 있다. 또한 죽음 앞에 누구도 자유로울 수 없기에 갑자기 다가온 죽음을 거부하며 발버둥 하는 모습이 결코 인간의 존엄성과는 거리가 있기에 당황하지 않고 편안하게 죽음을 받아들일 수 있는 아름다운 삶의 마무리가 필요하다.

3. 안락사

안락사는 환자를 고통에서 해방해서 안락하게 죽게 하는 것이다. 영어의 euthanasia는 '좋은 죽음'을 의미하는 라틴어에서 유래한다. 의학적으로 허용되는 범위의 안락사는 자발적 안락사, 의사조력사망, 연명의료 결정, 이 세 가지로 나뉜다. 안락사는 한자어를 그대로 풀이하면 편안하고 즐거운 죽음이라는 뜻이다. 네덜란드, 벨기에, 룩셈부르크를 포함한 선진국에서는 회복할 수 없는 중병에 걸린 환자에게 자발적이며 적극적인 안락사를 허용한다(橋田壽賀子, 2018). 쉬운 말로 가망이 없는 환자에게 강제적인 의료행위를 통하여 생명을 유지하려고 하지 않고, 오히려 살아날 수 있는 가망이 없으므로 편안하게 죽음으로 갈 수 있도록 도와준다는 것이다. 물론 어느 정도를 가망이 없는 것으로 규정해야 하는 것에 대한 질문은 남아 있다. 그러나 이러한 취지는 의학과 과학의 발전이 죽음을 해결할 수 없기 때문에 고통의 순간을 지속하면서 생명을 유지하지 않기를 바라기 때문이다. 무의미한 연명치료로 인한 지속적인 고통에서 삶의 마지막을 평온하면서 편안하게 떠나가며 보낼 수 있어야 한다. 이러한 맥락에서 안락사는 존엄사와 뜻을 같이한다고 해도 무방해 보인다. 물론 존엄사가 가지는 뜻은 최선의 의학적 치료를 다 하였음에도 회복 불가능한 사망의 단계에 이르렀을 때 질병의 호전을 목적으로 하는 것이 아니라 오로지 현 상태를 유지하기 위하여 이루어지는 무의미한 연명 치료를 중단하는 것이다. 그래서 존엄사는 '무의미한 연명 치료 중단'이라고 바꾸어 부르기도 한다(한국방송공사 생로병사의 비밀 제작팀, 2014). 안락사와 존엄사는 자신의 죽음을 의사 또는 제3자에게 맡기고 결정하지 않고, 스스로 결정하고자 하는 마지막 권리이다. 죽어가는 모습은 제각각이겠지만, 누구나 죽을 때 인간으로서 가지고 있는 품위를 지키고 싶어 한다. 그렇기 때문에 주변에서는 이러한 기대와 바람을 묵과하지 않아야 한다. 안락사는 몇 가지 유형으로 나눌 수 있다.

① 순수한 안락사: 죽음의 고통 완화를 목적으로 모르핀 투여가 행하여지며, 그것이 병사 생명의 단축을 수반하지 않는 경우
② 간접적 안락사: 그와 같은 조치가 불가피하게 병자의 생명을 약간 단축하는 경우
③ 부작위(不作爲)에 의한 안락사: 적극적인 의료조치를 강구해도 병자의 생명을 약간밖에 연장하지 못하고, 그럼으로써 오로지 그에게 고통을 주기만 하는 경우, 그 조치를 행하지 않는 경우
④ 적극적 안락사: 병자의 생명을 적극적으로 끊음으로써 그를 죽음의 고통에서 해방시키는 경우. 좁은 의미의 안락사

1) 안락사의 합법성을 주장하는 견해

안락사의 네 가지 개념 중에서 순수한 안락사는 병자의 생명을 단축하지 않기 때문에 형법상 문제가 없다. 이에 반해서 실시방법이 병자의 생명을 단축할 때는 형법상의 살인죄나 촉탁살인죄의 요건에 해당한다. 이 경우에 어떤 조건에서 안락사가 죄가 되는지 문제가 되는데, 간접적 안락사 및 부작위에 의한 안락사는 일반적 견해로서는 합법적인 행위로 본다.

가장 문제가 되는 것은 적극적 안락사인데, 학설 중에는 합리주의 또는 인도주의를 근거로써 이를 긍정하는 견해가 있다. 그중에서도 학설의 영향을 받은 일반론으로써 다음과 같은 요건하에서 안락사는 합법이라고 한 판례가 있다.

① 병자가 현대 의학의 지식과 기술상 불치의 병에 걸리고, 그 죽음이 눈앞에 와 있을 것
② 병자의 고통을 보는 것이 참을 수 없을 정도로 심할 것
③ 행위가 병자의 죽음의 고통 완화를 목적으로 하고 있을 것
④ 병자에게 의사표시능력이 있는 경우에는 촉탁, 승낙이 있을 것
⑤ 원칙적으로 의사가 그것을 행할 것
⑥ 방법이 윤리적으로도 타당할 것

한편 ④의 요건에서도 알 수 있듯이 이와 같은 견해에 의하면 안락사에 대한 병자의 동의는 꼭 필요한 것은 아닌데, 이는 이 판례가 행위자의 인도주의적 동기에 안락사가 허용되는 근거로 보고 있기 때문이다. 원래 안락사로서 행위가 합법인지가 문제가 된 사안에 대해서 재판소는 모두 구체적인 행위의 합법성을 인정하지 않고 살인죄, 촉탁살인죄의 성립을 인정하고 있다. 그러나 실형에 처한 예는 아직 없다.

이에 대해서 환자의 의사나 권리를 중시하는 학설은 이와 같은 인도주의, 합리주의라는 병자와 무관계한 이유에 의해서 그 살해를 허용하는 것은 타당하지

않으며, 오히려 안락사 합법성의 근거는 그 행위가 고통에 가득 찬 짧은 생명보다는 편안한 죽음을 선택한다는 병자의 자율적인 의사에 따르고 있는 점이 인정되어야 한다고 주장한다. 이 견해에 의하면 죽음을 희망하는 의사를 표명할 수 없는 의식불명의 병자에 대한 안락사는 합법일 수가 없다. 이상의 여러 견해에 대해서 안락사이기는 하지만 살인행위의 합법성을 인정하는 것은 인간 생명의 절대적 보호라는 법의 명분에 반한다는 안락사 위법론도 유력하다. 이에 의하면 적극적인 안락사는 항상 위법인데, 그와 같은 행위를 한 자를 비난할 수 없다고 인정되는 경우에 그 형사책임이 예외적으로 부정되는 것은 있을 수 있다.

'스위스 조력사망' 한국인 10명…아시아에서 가입자 가장 많아

[금기된 죽음, 안락사]

한국인 가입자 300명 추정…4년 만에 3배 증가

스위스 조력사망 단체의 도움을 받아 사망한 한국인이 최소 10명인 것으로 확인됐다. 또 약 300명의 한국인이 디그니타스 · 라이프서클 · 엑시트인터내셔널 · 페가소스 등 조력사망을 돕는 스위스 4개 단체에 가입한 것으로 추정된다. 〈생략〉

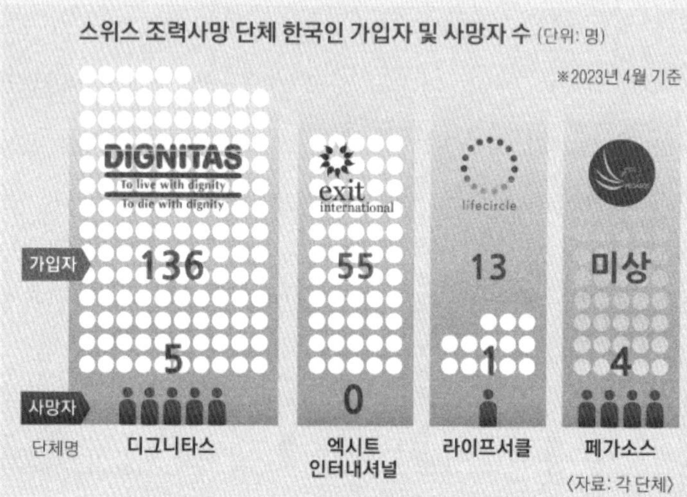

9일 서울신문이 외국인의 조력사망을 돕는 스위스 단체를 모두 취재한 결과 최근까지 디그니타스에서 5명, 페가소스에서 4명, 라이프서클에서 1명의 한국인이 각 단체의 도움을 받아 사망했다. 엑시트인터내셔널을 통한 사망자는 없었다. 〈생략〉

사람들이 안락사를 위해 스위스 단체에 가입하는 이유는 스위스가 외국인에게도 조력자살을 허용하는 유일한 국가이기 때문이다. 오래전부터 관습적으로 조력자살을 인정해 온 스위스는 '이기적인 동기'로 다른 사람의 자살을 돕거나 유도한 경우에만 처벌한다(스위스 형법 제115조). 이 밖에 조력자살을 규제하는 법 조항이 없다 보니 1998년 디그니타스를 시작으로 외국인의 조력자살을 돕는 단체가 생겨나기 시작했다. … 디그니타스 통계를 보면 지난 25년간 독일인 1449명, 영국인 531명, 프랑스인 499명이 이 단체를 통해 조력사망했다. 〈생략〉

단체들이 비영리를 표방하면서도 후원 명목의 가입비와 거액의 조력자살 비용을 받아 운영된다는 점에서 죽음을 상업화하고 있다는 비판도 인다. 일단 단체에 가입하려면 연간 80~100스위스프랑(약 12만~15만 원)의 회비 또는 220스위스프랑(약 32만 원)의 일회성 가입비를 내야 하고 이후 조력사망을 진행하는 데에 의사 상담 및 처방, 약값, 수행비, 장례비 등을 포함해 7500~1만 500스위스프랑(1000만~1500만 원)을 내야 한다. 참고로 스위스의 화장장 이용료는 무료다. 여기에 스위스까지 가는 항공료와 체류비까지 고려하면 적어도 2000만 원 안팎의 비용이 든다. 제도의 공백 속에서 돈 있는 사람들만 안락사할 수 있다는 얘기가 나오는 이유다.

자국의 법망에서 벗어나 스위스 단체를 통해 조력사망하는 외국인이 자꾸만 늘어나면서 단체들에 대한 비판과 우려의 목소리도 커지고 있다. 조력사망을 허용하는 국가들은 대부분 말기 환자나 통증이 심한 난치성 질환자를 대상으로 시행하지만, 스위스는 관련 법이 없다 보니 허용 기준이 모호하고 느슨하다는 지적이 제기된다. 자국에서 조력사망 자격이 되지 않거나 심지어는 신체적으로 건강한 사람조차 스위스에서 조력사망한 사실이 알려지면서 논란이 일기도 한다. 〈생략〉

출처: 서울신문(2023.07.09.). 발췌.

4. 존엄사

안락사의 목적이 병자를 고통에서 해방시키는 점에 있는 데 반해서, 병자에게 인간으로서의 존엄을 유지하는 것을 목적으로 하는 것이 존엄사(death with dignity) 또는 자연사(natural death)이다. 이는 회복의 가망이 없는 병자에게 무익한 연명조치를 계속하는 것을 멈추고, 자연스러운 죽음을 맞이하게 하는 행위로, 생명연장을 위한 적극적인 의료행위를 하지 않는다는 점에서는 앞에서 언급한 부작위에 의한 안락사와 유사한 개념이다. 그러나 존엄사는 인공호흡기의 스위치를 끊는 등의 작위에 의해서 행하여지는 경우도 있다. 그런 병자는 의식불명이며 연명조치 중단의 가부에 대해서 의사를 표명할 능력이 없고 또한 육체적 고통을 느끼지 못하는 것이 통상이며, 생명연장 조치를 계속하면 상당히 장기간에 걸쳐서 생명을 유지하는 예도 있는 점 등에서 부작위에 의한 안락사는 물론, 다른 안락사의 유형과도 다르다.

현대 의료기술의 진척은 이전에는 절망적이었던 중증환자의 생명을 구하는 것을 가능하게 하였는데, 동시에 종국적인 회복 가망이 없는 채로 연장조치만이 강구되는 병자를 많이 낳게 되었는데 천연성 식물상태 환자(식물인간)가 그 전형적인 예이다. 직극적 안락사에 반대하는 논자도 존엄사 및 자연사를 긍정하는 경우가 많은데 미국에서는 식물상태에 있는 환자에게는 헌법상의 '프라이버시의 권리'에 유래하는 연명조치 거절권이 있다고 한 카렌 퀸란(Karen Quinlan) 판결(소위 카렌사건, 1976년) 이래, 이와 같은 존엄사를 인정하는 판례가 몇 가지 나오고 있다. 또한 의사능력이 있는 상태에서 작성된 자신이 말기상태가 되었을 때는 인위적인 연명조치를 중단할 것을 요구한다는 취지의 지시서(living will)에 법적인 효력을 주는 '자연사법'이나 유사한 이름의 법률도 성립되어 있다. 그러나 의식이 없는 환자는 치료거절권을 행사하는 현실적인 의사를 지니고 있지 않다. 또한 건강할 때의 의사표명은 식물상태 시의 의사라고도 할 수 없다. 따라서 여기에서는 연명조치의 중단이 병자의 참된 이익에 합치하는지를 타인이 판단하는 것이 필요해지는데, 누구에게 그 판단권을 인정할지에 대해서는 여전히 문제가 있다. 병자 가족의 의사를 무시하고 연명조치를 중단하는 것은 허용되지 않는다는 견해도 있다. 한편 중단을 희망하는 가족의 의사에 따랐다고 해서 행위가 합법이 되지는 않는다. 또한 병자의 죽음이 어느 정도 진전되어야 모든 의료조치의 중단이 허용되는지 또는 인공심폐, 비공영양, 항생물질투여 중 어느 범위에 대해서만 중단이 허용되는지 등 미해결의 문제가 많다.

1) '살 가치가 없는 생명'의 말살 위험

중증 정신장애자, 중증 기형아 등에게는 '자비심에 의한 죽음(mercy killing)'을 부여해야 한다는 '생존 무가치한 생명의 말살', '비 임의의 안락사'는 나치 정권하의 독일에서 실행된 적이 있는데, 이것이 절대적으로 허용되지 않는 것은 현재 모든 사람이 인정하는 점이다. 의료조치를 중단해서 인간다운 죽음을 부여한다는 존엄사 · 자연사의 주장은 어디까지나 병자의 의사에 따른 그의 이익을 옹호하려는 것이며, 살 가치가 없는 생명의 말살이라는 것은 이질적이다. 그러나 죽음을 희망하는 병자의 의사가 없는 경우에도 존엄사 및 자연사를 긍정한다고 해서 병자 이익의 인정이 자의적으로 이루어지면, 사실상 살 가치가 없는 '귀찮은 존재를 없애는' 행위도 된다. 천연성 식물상태 환자 등에 대해서는 사회보장적 조치를 충실하게 이행함으로써 충분한 의료를 확보하는 것이 선결이라고 주장되는 까닭이다.

5. 인공유산(낙태)

인공유산을 하려는 대부분의 이유는 '원치 않은 임신', '위험', '태아의 상태' 등이다. 도덕적인 기준을 가지고 이야기하려면 생명에 관한 이야기, 성에 관한 이야기를 해야 한다. 원치 않은 임신이 성적인 쾌락의 결과인지, 결과가 생명인데 생명은 자신에게 선택의 권리가 없이 죽음으로 가는 결과를 어떻게 생각해야 하는 것인지, 태아가 생겼다면 언제부터 생명으로 보는 것이 맞는지에 대한 폭넓은 견해가 필요하다.

'태아를 떨어뜨려 죽인다'의 뜻을 가진 '낙태'는 이제 '임신 중지'라는 말로 바꿔 사용해야 할 정도로 사회적인 이슈를 가지게 되었다. 사회적인 이슈를 가져온 임신 중지는 생명에 대한 경시는 나중에 다뤄지는 듯이 하는 양상을 가져오고 개인의 권리, 예를 들면 '내 자궁은 나의 것'이란 슬로건은 나의 권리는 타인 혹은 3자의 권리보다 당연히 존중받아야 한다는 것을 의미한다. 틀린 말은 아니지만 권리란 것은 책임이 반드시 뒤따라야 한다. 책임을 질 수 없는 권리는 먹고, 배설하는 욕구의 권리뿐이라고 생각한다.

우리나라는 1973년에 제정된 '모자보건법'을 통해 '본인이나 배우자가 대통령령으로 정하는 우생학적 또는 유전학적 정신장애나 신체 질환이 있는 경우나, 본인이나 배우자가 대통령령으로 정하는 전염성 질환이 있는 경우'에 인공임신중절 수술을 할 수 있다고 명시한다(모자보건법, 2022).

2019년 4월, 헌법재판소는 낙태죄 헌법불합치 결정을 선고하면서 "태아가 모체를 떠난 상태에서 독자적으로 생존할 수 있는 시점인 임신 22주 내외에 도달하기 전이면서 동시에 임신 유지와 출산 여부에 관한 자기 결정권을 행사하기 충분한 시간이 보장되는 시기까지 낙태에 대해서는 국가가 이를 허용할 수 있다"라고 판결했다(YTN, 2019). 결국 자궁에 착상한 후부터는 생명의 한 인격체로 보호받아야 함을 시사하고 있다. 태아가 자궁에서 22주를 자라게 되면 자궁 밖에서도 독자적으로 살아갈 수 있다고 하여 생명이라고 부른다. 착상되었을 때에부터 22주가 되기 전에는 모체에 있는 세포로 여겨 낙태할 수 있다고 한다.

그런데도 낙태를 반대하는 사람들도 때로는 낙태의 필요성을 인정할 수밖에 없고, 낙태를 찬성하는 입장에서도 낙태를 언제나 옳은 선택이라고 생각하지는 않는다. 이렇게 생각할 수 있는 이유는 생명에 대한 존중이 내면에 있다고 보기 때문이다. 생명에 대한 가치 기준이 좀 더 명확할 수 있다면 논란의 여지는 훨씬 줄어들 것이다.

6. 죽음과 도덕성

탄생과 죽음은 실습이 허용되지 않는다는 말이 있다(박미경, 2019; Tisdale, 2019). 태어나는 것도 죽는 것도 마음대로 할 수 있는 것이 아니라는 의미로 생각된다. 그렇다면 마음대로 할 수 있는 부분이 아닌데, 마음대로 각자가 가지고 있는 가치관의 기준에 의해 생명과 죽음을 정하게 되었을 때 발생하는 결과는 개인과 사회적 파장을 가져오게 된다. 인류는 최첨단 고도성장을 통해 삶의 질을 높여왔다. 가파른 성장은 편리와 윤택한 삶을 영위하는 데 도움이 되었으나, 이와 함께 삶의 의식인 부분이 뒷받침되지 못해 도덕적 경각심에 관해 이야기하게 된다. 도덕적 경각심은 삶의 전반적인 부분에서 선택의 명분을 제공하는데, "이러한 선택을 할 수밖에 없다. 이렇게 될 수밖에 없었다."라는 말들을 하게 된다. 선택의 권리는 책임이라는 결과를 가져오기에 선불리 선택하기 어렵고, 설령 선택했다 하더라도 개인적, 사회적으로 도덕적인 부분을 묻게 되면 선택에 대한 책임을 회피하려 한다. 죽음의 도덕성은 개인의 책임과 사회의 책임을 묻게 하는 부분으로 사회적인 역량 강화가 절실히 필요하다.

Chapter >> 07

죽음에 대한 반응

1. 죽음에 대한 부정적 기능
2. 죽음에 대한 긍정적 기능
3. 죽음에 대한 두려움 극복하기

1. 죽음에 대한 부정적 기능

1) 불안

불안이란 위협적인 상황으로부터 위험에 대한 인지적 평가에 따라 일어나는 감정적인 반응의 과정이라고 볼 수 있다. 불안은 두려움과는 다르며 본질적으로 방향이 없고 무슨 이유인지 모르는 것으로서 어느 정도 존재적이며 실존적인 것으로 존재 의무, 비존재에 대한 두려움으로 임종 환자가 갖는 자연스러운 반응이다.

사람에게 죽음보다 더 무서운 것이 있을까? 피라미드를 짓게 했던 파라오나 불로초를 찾게 했던 진시황이나 이 세상에서 무서울 것이 하나도 없었는데 단 한 가지, 죽음만은 예외였다. 대부분의 사람은 죽음을 모든 생명이 거쳐야 하는 마지막 단계로 받아들인다. 죽음에 대한 불안은 모든 이들이 같은 것은 아니다. 개인마다 죽음에 대해 특정한 두려움을 가지며 각 개인은 두려움에 대해 소유한 반응과 대처를 하게 된다. 개인은 그들의 인격, 성격, 과거의 경험, 방어 기전 등의 영향을 받아 반응한다. 우리가 죽음을 두려워한다고 말할 때 실제로 우리가 두려워하는 것은 생물학적 현상으로서의 죽음 자체가 아니고 비참과 비극이고, 죽음보다 더 아픈 고통이다. 패티슨(Pattison)은 특정한 두려움에 대하여 다음과 같이 설명한다(Pattison, 1977).

(1) 미지에 대한 두려움

현대인은 모든 종류의 문제들에 대한 지식을 얻는 데 익숙해 있다. 그래서 그가 직면하는 다양한 상황들을 조절하는 법을 배우고자 한다. 하지만 죽음은 조절할 수 있는 상황이라는 이 일반적인 모형에 맞지 않는다. 여기서 사람은 미지의 것에 직면하고 그 새로운 상황을 전혀 조절할 수 없다. 그 미지의 것, 수동적인 역할로 던져짐을 직면하면서 걱정이 일어난다. 모르는 것에 대한 두려움은 예측을 불허하는 미래에 대한 것이다. 임종 환자는 가까운 장래에 죽는다는 두려움과 공포를 느낀다. 죽음에 대한 무지는 다음과 같은 두려움과 공포가 있다.

- 삶의 과정에서 어떤 것을 할 수 없을까?
- 이 세상 삶 후에는 어떻게 될 것인가?
- 죽은 후의 나의 육체는 어떻게 될 것인가?
- 남은 가족은 어떻게 될 것인가?
- 다른 이들은 어떤 반응을 보일 것인가?
- 몸에는 어떤 변화가 일어날 것인가?
- 감정의 반응은 어떻게 나타날 것인가?

(2) 외로움에 대한 두려움

많은 이들이 홀로 남게 되고 친밀한 가정에서 소외되고 병원의 중환자실에 머물게 된다. 이들의 큰 걱정은 임종의 마지막 순간에 홀로 남겨질 것이라는 두려움이다. 외로움과 소외에 대한 두려움은 죽음을 선고받은 환자에게는 가장 큰 두려움이고 외로운 고통이다. 우리는 다른 사람들 앞에서 죽음에 대한 두려움으로 고통받고 있다는 것을 인정하기를 원치 않는다. 우리의 문화와 교육은 그런 두려움에 대해 공개적으로 말하지 못하게 한다. 죽음을 두려워하는 것을 나약하다고 간주하는 것이다. 그래서 우리는 겉으로는 용감한 체하면서 두려움의 고통을 밤중에 외롭게 겪어야 하는 것이다.

환자에게는 불확실한 환경에서 다른 사람의 존재가 위로와 확신과 안정을 준다. 그러나 타인의 죽음을 주시하며 그 아픔과 괴로운 환경에 함께 있다는 것은 참기 어려운 일이다. 외로움에 대한 두려움은 모두 초월 될 수가 없다. 왜냐하면 사람은 마지막 순간에 죽음의 어두운 밤 안으로 홀로 걸어 들어가야 하기 때문이다. 하지만 그 환자가 죽음의 과정에서 혼자 남겨지지 않을 것이고, 우리가 최후의 순간까지 그 환자 곁에 있을 것이라는 점을 알게 한다면, 우리는 임종 환자의 두려움을 많이 감소시킬 수 있다.

(3) 가족과 친구의 상실에 대한 두려움

영원한 이별에 대한 슬픔과 두려움, 그리고 미처 '마치지 못한 일'이 없다고 생각하는 이들이 쉽게 죽는 것 같다. 누구나 사랑하는 사람을 잃었을 때 슬프고 두렵지만 죽어가는 환자는 전부를 다 잃어버려야 하므로 두려움이 더 크다고 할 수 있다.

(4) 자기 조절능력 상실에 대한 두려움

질병이 깊어 감에 따라 자신의 신체나 감정을 조절할 수 없다는 점과 타인의 힘을 빌리고 의존해야 하는 신체적인 부담, 정신적인 부담과 경제적인 부담을 가져야 하며 자기 비하의 느낌과 과정을 경험해야 하는 두려움이다.

(5) 육체적 상실과 무력감에 대한 두려움

육체는 자아의 큰 부분을 차지하기 때문에 질병으로 인한 육체의 상실이나 불구, 저하, 마비, 등은 자기 자신의 상실을 의미한다. 이러한 자아상의 무너짐은 부끄럼과 부적절함, 죄의식, 사랑받지 못함, 원하지 않는 자기 자신이라는 느낌을 불러일으킨다. 많은 사람은 병원에 있는 환자들이 그들의 자연스러운 인간적 아름다움을 잃어버린 것을 보아 왔다. 그래서 그들은 임종의 과정에서 자신들이 추한 모습을 드러내지 않을까 걱정한다. 침대에 누워있는 것은 난처한 상황이다. 특히 여성들은 종종 그들이 기초화장도 못 하고 머리 모양은 추해 보이는 것을 두려워한다. 병실의 전체 환경은 방문자들의 눈과 코에 불쾌할 수도 있다. 흐트러진 침구들, 변기들, 임종자의 몸에 연결된 의료 기구들, 몸에서 나는 냄새 등 오래되고 고통스러운 병은 환자의 외관을 볼품없게 할 수 있고, 극심한 통증은 환자의 입가에 부정적인 감정을 표출할 수 있다. 특히 일생을 바르고 품위 있는 행동과 주변 사람들에게 유쾌한 이미지를 주는 것에 중점을 두었던 사람들은 종종 삶의 마지막 순간에 가족과 친구들에게 난처하고 부정적인 이미지를 드러낼까 걱정한다.

(6) 고통과 괴로움에 대한 두려움

죽음에 대한 두려움은 주로 고통에 대한 두려움이다. 임종은 대개 고통스러운 체험으로 나타난다. 괴로움에 짓눌려 소리치며 죽어가는 것에 대한 두려움은 고통 그 자체이다. 이러한 고통이나 통증은 수술 후의 통증과는 다르다. 환자가 통증이 후에 완화될 수 있음을 알면 아픔을 덜 느낀다. 그러나 죽음의 고통은 완화가 없는 것이다. 즐거운 미래를 기대할 수 없고 왜 이런 고통 속에서 삶을 지속해야 하는가? 라는 회의 속에서 살게 된다. 죽음의 고통은 나눌 수 없기에 더욱 괴로운 것이다.

임종자들이 두려워하는 것은 단지 육체적인 고통뿐만 아니라 정신적인 고통도 있다. 곧 죽어야 하고 사랑하는 모든 사람과 소유물을 뒤에 남기고 떠나야 한다는 것을 아는 것은 대단한 정신적 고통을 유발할 수 있다.

또한 두려워하는 세 번째 고통은 사회적인 고통이다. 이것은 종종 환자 가족의 운명 그들의 경제적 안정, 그리고 자신의 죽음 뒤 불확실한 생활 등에 대한 걱정스러운 관심으로 표현된다. 어떤 이들에게는 사회적인 고통은 가족을 마주 보고도 도움이 되지 못하는 것에 대한 고통이다. 젊은 아버지는 그가 더 이상 봉급을 받지 못하고 그의 가족에게 짐이 되어버렸다는 것에 고통을 느낄 수 있다. 그것이 가족에게 짐이 되는 것이라 더욱 괴로워하는 것이다. 그러므로 가족이 그를 매우 가치 있는 가족 구성원의 일원으로 본다는 것을 확신시키는 것은 매우 중요하다. 그리고 환자 앞에서는 재정적인 문제에 대해 언급하지 않도록 주의해야 한다.

마지막으로 네 번째 고통은 영적인 고통이다. 많은 환자는 그들이 성취한 것이 거의 없고 때 이른 죽음과 불확실한 미래를 직면하고 있다는 느낌에서 그들 삶의 무의미함을 체험하고 고통을 겪는다.

고통에 대한 두려움은 종종 위의 네 가지 유형의 고통을 모두 포함한다. 환자가 이 고통에 대한 두려움을 극복하도록 돕는 것은 이 네 가지 유형의 고통을 덜도록 도와주어야 한다는 것을 의미한다. 이렇게 하기 위해서는 육체적인 고통의 조절에만 집중하는 것은 충분하지 않다. 호스피스가 접근하는 고통의 조절은 항상 '전체 고통'을 지향하는 것이다.

(7) 정체성 상실에 대한 두려움

인간적인 접촉 관계, 가족, 친구 관계의 상실, 육체의 구조와 기능, 자기 제어, 자신의 정체성을 협박하는 모든 의식의 상실은 그것들이 자기 이미지를 구성하는 요소이기 때문에 두려움을 가져온다. 자기 보존은 사람의 기본적인 본능 중의 하나이다. 그런데 죽음에 직면한다는 것은 자기 자신을 모두 잃어버리는 가능성에 직면함을 의미한다. 자기 보존의 본능과 같이 자기 소멸에 대한 두려움도 자연스러운 반응이다. 죽음에 직면하면서도 인간은 자아존중 완성, 존엄성을 잃지 않고 싶은 것이다.

(8) 슬픔에 대한 두려움

죽음의 한 과정으로서 상실을 생각할 때 슬픔을 어떻게 감당할지 그것에 대한 두려움이 크다. 임종 환자들은 그들의 삶의 과제가 끝마쳐지지 않았다는 고통스러운 느낌으로 괴로워한다. 그들은 젊어서의 꿈들과 실제의 성취를 비교하고 그 사이의 깊은 격차를 느낀다. 삶의 과제를 마치지 못한 채 죽는다는 것, 아니면 사람으로서의 가능성을 깨닫지 못하고 죽는다는 것은 고통스러운 위협이다. 환자들은 종종 그들의 과거의 성취에 대해서 지나치게 부정적으로 된다. 그리고 실제 성취한 것들을 무시한 채 부정적인 면에만 집중하는 경향이 있다. 죽음에 대한 두려움은 그런 사람들이 전문적인 성취뿐만 아니라 기본적으로 사람으로서의 성취를 이루지 못한다는 두려움을 의미한다.

돌보는 일에 종사하는 사람들은 긍정적인 성취를 지적함으로써 그들의 과장된 두려움을 극복하도록 도우며, 그들의 과거 삶에 대해서 적절히 균형 있는 시각을 갖도록 도울 수 있다. 환자에게 임종의 과정 자체가 단순히 수동적으로 끝을 기다리는 것이 아니라 인간적인 성숙의 중요한 과정이 될 수 있다는 것을 알게 하는 것이 중요하다. 임종의 과정 자체는 하나의 도전을 제공하고 더 깊은 자기 실현의 도구가 된다. 환자가 삶의 중요한 부분이 임종의 도전에 그가 응답하는 가운데 여전히 줄어들고 있다는 것을 깨달으면, 그는 위에서 말한 죽음에 대한 두려움을 극복할 것이고, 그때까지 무의미한 두려움으로 소진되던 그의 고귀한 에너지를 최후의 자기실현이라는 긍정적인 과제에 쏟을 것이다.

(9) 퇴행에 대한 두려움

죽음이 가까워짐에 따라 환자는 퇴행에 대한 두려움이 더 현저해진다. 앞에서 언급했듯이 조절능력 상실에 대한 두려움은 거의 마지막 행동과 관련이 된다. 죽음에 가까워지면서 신체적 능력의 저하와 의식의 불명료, 퇴행의 느낌, 현실감의 상실, 자기 자신과 타인과의 구분의 불명료, 시간과 공간의 느낌 상실 등이 환자를 두렵게 하는 것들이다.

(10) 절단과 부패, 매장에 대한 두려움

죽은 후에 육체에 어떤 일이 일어나는가? 하는 두려움이다. 예를 들어 몸이 매장된 후 벌레들에게 먹히는 두려움 등 죽음과 매장에 관하여 무서운 두려움을 가질 수 있다. 인간의 소멸에 대한 두려움은 죽음에 대한 두려움의 기본이라고 한다. 자기 보존은 사람의 기본적인 본능 중의 하나이다. 그런데 죽음에 직면한다는 것은 자기 자신을 모두 잃어버리는 가능성에 직면함을 의미한다. 자기 보존의 본능과 같이 자기 소멸에 대한 두려움도 자연스러운 반응이다.

죽음 이후의 삶에 대해서는 의견들이 분분하다. 하지만 영원한 생명에 대한 확신이 있는 사람들에게는 이 희망을 심화시키는 것이, 죽음에서 자신을 잃어버리는 데 대한 두려움을 극복하는 가치 있는 방법이 될 수 있다. 영원한 미래에 대해 적극적으로 나아가는 것은 어떤 임종 환자들에게는 죽음에 대한 두려움을 극복하는 최선의 방법이 된다.

2) 우울, 의기소침

우울은 죽음에 직면한 환자의 또 다른 정서적 반응이며 임종 환자의 슬픔의 한 부분으로서 즉각적인 상실을 인식하는 자연스러운 반응이다. 우울은 하나의 기전으로서 사랑하는 것을 모두 잃게 되는 것을 준비하는 데 도움을 주는 것이다. 이러한 우울은 또 다른 치료를 환자에게 제공해야 함을 암시한다.

3) 분노와 적개심

분노와 적개심은 임종 환자와 그 가족에서 볼 수 있다. 다른 모든 이는 미래를 지속할 수 있는데 자신은 미래의 삶을 박탈당한 것이다. 다른 이가 삶을 사는 동안 그는 모든 것을 포기해야 하며 주위 사람들의 생소한 반응으로 자신이 죽는다는 것을 알게 된다. 이러한 시점에서 환자는 '내가 왜?'라는 대답할 수 없는 질문을 하게 된다. 이러면 환자들의 분노는 이해할 수 있는 것이나 이러한 느낌의 원인은 제거할 수 없고 흔히 죽음 직전 불치병의 환자들은 이러한 감정을 다른 이에게 전이시킨다. 이러한 감정들은 더 깊은 아픔과 슬픔, 공포를 은폐하기 위해 사용되기도 한다.

4) 죄의식과 수치심

어떤 환자들에게 죽음에 대한 두려움은 기본적으로 사후 심판과 처벌에 대한 두려움이다. 인류 역사를 통틀어 사람이 죽은 후에 심판을 받아서 선한 사람은 선행에 대해 상을 받고 악한 사람은 죄에 대해 처벌받을 것이라는 거의 보편적인 믿음이 있다. 임종 상태에 있는 환자들은 흔히 죄의식을 갖는데 정당한 이유를 여러 가지로 과장하고 상상한다. 우선 환자는 자신의 병이 과거의 잘못에 대한 응보의 형태로 믿는 것이 보통이다. 자연스러운 슬픈 감정의 체험도 어떤 이들에게는 죄의식을 갖게 할 수 있다. 심판에 관한 생각은 환자들이 과거 저지른 악행에 대해서 벌을 받아 마땅하다고 믿게 한다. 예를 들어 환자가 자신의 평정을 잃고 울었다는 것에 대해 죄책감을 가질 수 있는 것이다. 수치심은 환자에게 흔히 나타나는 감정으로써 질병으로 인해 의존적으로 되거나 어떤 조절능력을 상실하거나 혹은 가장 중요한 자아존엄성에 대한 감각을 유지하는 것이 허용되지 않을 때 흔히 일어난다.

죽음이 임박한 환자는 자신의 신체적 혹은 심리적인 결함 때문에 수치심을 일으킬 수 있다. 환자는 자기 신뢰, 자기 조절, 독립심, 자율성 등의 역할을 부분적으로 포기하도록 요구된다. 이러한 이유로 환자는 질병 자체로도 부끄러움을 일으킨다.

5) 죽음과 임종에 대한 두려움

죽음에 대한 두려움은 임종 환자들에게나 건강한 사람들에게나 공통적인 현상이다. 어떤 사람들은 다른 사람들보다 더 큰 두려움을 느끼기도 한다. 예를 들면, 미국 내과 의사들은 다른 사람들에 비해 죽음에 대해서 더 강한 두려움을 갖는다고 한다(Feifel, 1995). 이 연구의 목적은 죽음에 대한 두려움을 완전히 없애는 방법을 보여주고자 하는 것이 아니다. 그것은 불가능한 일이다. 여기서는 죽음에 대한 두려움의 갖가지 유형들을 살펴보고, 이 두려움들을 적극적으로 직면하는 몇 가지 방법들을 생각해 봄으로써 우리가 죽음에 대한 지나친 두려움을 감소시킬 수 있도록 하고자 한다. 대부분의 환자는 그런 지나친 두려움으로 인해 감정적으로 절름거림, 결과적으로 임종의 과정에서 인간적으로 성숙하는 데 방해를 받는 것이다. 그러므로 돌보는 일에 종사하는 사람들은 이 과도한 두려움들을 인식하고 환자들이 그것을 극복하도록 도와야 할 것이다.

2. 죽음에 대한 긍정적 기능

사람들은 두려움을 단순히 부정적인 감정이라고만 생각한다. 하지만 죽음에 대한 두려움은 긍정적인 기능도 수행할 수 있다.

첫째, 두려움은 위험에 대한 신호이다. 그것은 예방조치를 취할 수 있게 하고 위험을 피하고자 적절한 대책을 세우거나 생명을 위협하는 상황에 대해서 적극적으로 행동할 수 있게 한다. 만일 우리가 죽음에 대해서 전혀 두려움을 갖지 않는다면 우리는 아마 위험한 방법으로 행동하거나 우리의 생명을 위협하거나 단축하기 쉽다.

둘째, 긍정적인 기능은 잠재적인 창의성이 이 두려움에 의해서 자극될 수 있다는 점이다. 어떤 이론은 죽음에 대한 두려움이 개인의 창의성뿐만 아니라 문화의 에너지와 활력의 기본 원천이라고까지 말한다. 미국의 심리학자 어니스트 베커(Ernest Becker)는 인류가 행하고 건설하고 창조하는 모든 것이 의식적으로나 무의식적으로 망각에 대한 두려움을 진정시키려고 한다고 하였다. 다양한 노력의 동기를 정직하게 돌아보면, 자신의 죽음을 넘어 지속될 어떤 것을 창조하도록 몰아대는 내적인 충동이 우리 안에 있다는 것을 인정해야만 한다. 그것은 예술적인 창작일 수도 있고 자녀를 출산하는 것일 수도 있고 학문적인 작업이나 건축일 수도 있다. 우리는 자신의 제한된 인생의 기간을 넘어 지속하는 무엇인가를 창조하기를 원하는 것이다. 마음의 깊은 곳에서는 인생이 시간상으로 한정되어 있다는 것을 알고 있다. 이 시간의 한정에 대한 막연한 인식은 분명히 인간의 잠재적인 창의성을 계발하도록 하는 힘센 자극이나 영감으로 작용한다.

미국에서 죽음교육에 대한 많은 연구들이 죽음에 대한 두려움을 상당히 감소시킬 수 있다는 것을 보여주었다. 죽음과 임종자라는 문제에 대한 교육 과정이나 비공식적인 연구를 통해서 사람은 자신을 어느 정도까지 죽음이라는 현상에 익숙하게 할 수 있고, 임종의 의미를 탐구함으로써 자신이 느끼는 두려움이라는 대상을 알 수 있게 한다. 물론, 사람은 결코 죽음이라는 거대한 신비를 모두 알 수는 없다. 하지만 부분적인 지식도 미지의 것에 대한 두려움을 감소시킬 것이다.

3. 죽음에 대한 두려움 극복하기

죽음에 대한 과도한 두려움을 극복하는 길은 사람마다 다르다. 어떤 사람들에게 최선의 길은 유머 감각을 기르는 것이다. 유머가 부족하고 삶의 모든 것을 지나치게 심각하게 받아들이는 경향은 삶에 대한 두려움과 죽음에 대한 두려움의 하나의 원천이 된다. 건전한 해독제이며 효과적인 약은 때때로 자신의 잘못이나 바보스러움에 대해서 웃어넘기고 따뜻한 유머 감각을 기르도록 노력하는 것이다.

유머는 생명의 기원을 설명할 때처럼 웃음의 기원을 신의 선물이라는 학자들이 있고, 진화의 결과라는 이들도 있다. 어원적으로 영어 단어 유머(humor)는 라틴어 휴모로스(humores)에서 나왔다. 중세의 의사들은 사람 몸의 유체(fluids)에 생명을 주는 휴모로스(humores)라고 불렀다. 그들에게 휴모로스(humores)는 사람에게 우연히 있는 어떤 것이 아니라 생명의 본질, "생명의 정수이자 활력(juice and sap of life)", 사람에게 생명력을 주고 인간 생명을 항구적으로 재충전해주는 창조적인 힘과 같은 내적인 흐름이었다. 유머는 마음의 치료제일 뿐만 아니라 몸의 미용제이다.

유머라는 말이 죽음 앞에서 유쾌한 농담을 의미하는 것이 아니다. 오히려 마음의 기본적인 희망적 태도, 슬픔에 직면해서도 웃음의 역설을 받아들일 여지를 갖는 마음의 따뜻함을 말하는 것이다.

죽음에 대한 두려움은 어느 정도 건강의 방어기제이다. 하지만 사람들은 과도

하게 억누르는 두려움의 짐을 지고 있다. 그들에게 유머라는 건전한 투약은 그들의 걱정을 정상적인 수준으로 감소시킬 두려움 해소 요법으로 도움이 될 것이다.

Chapter >> 08

남겨진 사람의 홀로서기

1. 떠나는 사람
2. 떠나는 사람의 정서적 반응
3. 영원한 이별여행
4. 남겨진 사람
5. 홀로서기

1. 떠나는 사람

1) 병으로 인해 떠나는 사람

완치될 수 없는 심각한 병이 있다는 것을 알게 되면 환자와 가족들은 생각과 다르게 많은 것들을 실제 행동으로 옮겨야 한다. 환자에게 고통을 주지 않는 방법을 찾는 것이 최선의 방법일 것이다. 환자는 죽어가는 과정에서 정신적으로는 공포, 좌절, 상실을 겪고 있을 것이며, 육체적으로도 고통의 시간을 겪게 된다.

신체적인 증상은 병 또는 병을 치료하는 과정에서 식욕부진 또는 약물 사용으로 인하여 체중이 빠지거나 외모가 변화되는 것을 볼 수 있다. 이런 증상들은 환자에게 영향을 줄 수밖에 없다. 거울이나 유리창에 비친 환자 자신의 모습에서 과거의 아름다운 모습을 기억하면서 다르게 변한 자신을 대면하는 환자의 마음에 대한 이해와 도움이 필요하다.

2) 노화로 인해 떠나는 사람

노인이 되면 소화력이 떨어지고 면역력이 약해져서 질병에 노출되어 각종 질환에 취약하고 만성질환이 높은 비율로 발생한다. 전체 노인의 86%가 당뇨, 관절염, 고혈압 등 만성 퇴행성 환자로 나타난다(최영숙, 2019). 그리고 사회적 활동이 감소하면서 잠자는 시간도 변하게 된다. 이때부터는 주변을 정리하면서 죽음을 맞이할 준비를 해야 한다.

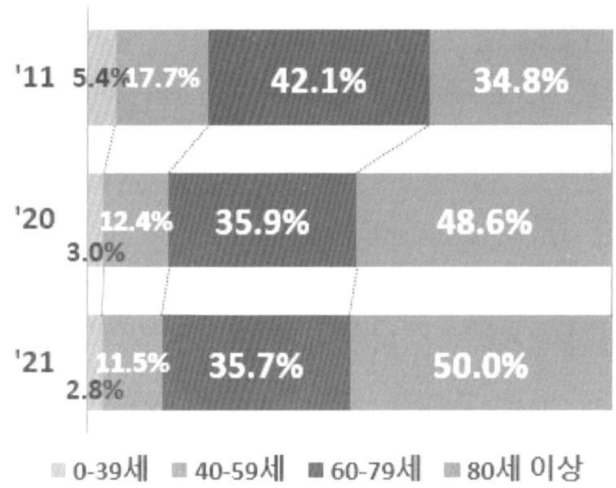

[그림 8-1] 연령별 사망자 구성비

출처: 통계청(2022). 2021년 사망원인통계 결과: 보도자료. 대전: 통계청.

2. 떠나는 사람의 정서적 반응

1) 죽음을 앞둔 사람의 정서적 반응

떠나는 사람은 몇 가지 반응이 나타나는데, 처음엔 절망과 두려움의 반응이다. 사후세계에 대하여 믿지 않게 되면 삶의 시간을 연장하려고 할 것이며, 죽음을 맞이할 때도 공포와 두려운 모습으로 맞이한다. 두 번째 반응은 부정이다. 자기의 죽음을 인정하지 않는다. 죽음이 임박했을 때 부정하는 행동은 일시적인 방어수단이며 시간이 지남에 따라 '부분적 순응'으로 바뀌기도 하지만 끝까지 죽음을 부정하기도 한다. 세 번째 반응은 분노이다. 세상에 대한, 주위 사람에게 오래 살고 싶은 욕구가 분노의 형태로 표출되는 경우이다. 심지어는 자신에게조차 억울하고 분하다는 생각이 치솟아 오르게 된다. 네 번째는 슬픔의 반응이다. 시시각각으로 다가오는 죽음의 그림자를 느끼게 될 때, 절망과 두려움, 부정, 분노는 우울감을 동반한 극도의 상실감으로 바뀌게 된다. 다섯 번째는 주변을 정리하는 반응인데, 죽기 전에 여러 대상과 화해하고, 매듭짓지 못한 일을 마무리 지으려고 한다. 여섯 번째는 수용이다. 자신의 상황을 부정적으로 보지 않고 자기가 겪고 있는 상황을 있는 그대로 인정하게 된다. 수용의 단계에서는 죽음이 더 이상 장애물, 즉 절망, 두려움, 분노, 슬픔의 대상이 되지 않게 된다. 일곱 번째는 희망의 반응이다. 그동안의 인생 여행이 어느 순간 목적을 잃어 삶이 무의미하게 여겨질 뿐일 때 죽음 너머의 새로운 인생의 목적지가 존재한다면, 현재의 삶에 나타나는 많은 문제는 큰 의미로 다가오게 된다. 죽음이 끝이 아니라는 뜻을 가진 많은 종교와 사상들을 가진 사람에게는 죽음이 희망적인 정서로 다가올 것이다. 여덟 번째는 여유와 웃음의 정서적 반응이다. 죽음을 맞이하는 사람 중에서 자긍심과 자부심이 강한 사람들은 얼마 남지 않은 시간을 마음의 여유와 웃음으로 맞이한다. 예를 들면, 현자들(소크라테스, 장자, 스콧 니어링 등)의 죽음을 맞이하는 모습은 여유와 재치가 있었다(오진탁, 2007).

2) 떠나보내는 사람이 할 일

예견하지 못한 사고사의 경우를 제외한 죽음에는 떠나는 이와 보내는 이의 소중한 시간이 존재한다. 이 시간을 어떻게 보내느냐 하는 것은 떠나는 이와 보내는 이에게 매우 중요한 의미가 있다. 배우자와 다하지 못했던 사랑 고백이나 부탁, 함께 쓰는 자서전이나 유언장 작성 등은 좋은 시간을 보내는 방법이다. 가족끼리 함께 할 수 있는 여행 또한 떠나는 이와 보내는 이의 마음이 잘 전달될 수 있는 시간이 된다.

서울대병원의 허대석 교수는 6세 소아 백혈병 환자의 이야기를 들려주었다. 오랜 기간 병원에서 치료받던 아이의 임종이 멀지 않았음을 알게 된 부모는 아이를 집으로 데려가 평소에 키우고 싶어 했던 강아지를 키우게 해주었다는 이야기다. 항암치료를 오래 받았던 아이는 그동안 면역력이 떨어져 강아지를 키울 수 없었는데, 이제 마지막 순간이 다가오니 부모는 아이에게 좋은 기억을 남기게 해주고 싶어 강아지를 선물한 것이다. 그렇게 아이는 한 달 후에 강아지를 품에 안고 웃으면서 임종했다(KBS 생로병사의 비밀 제작팀, 2014).

3) 남겨진 사람

우리 인생에는 여러 가지 모양을 가지는 상실들이 있다. 작게는 잃어버린 동전에서부터 함께 놀던 친구 등 원하지 않은 많은 이별은 모두 상실이라고 할 수 있는데, 가족의 죽음을 통한 이별의 상실은 가장 큰 상처로 깊고도 오랜 기간 동안 남아 있게 된다. 어떤 사람은 떠나보낸 사람을 좀 더 잘 대해주지 못했다는 자책에 힘들어하고, 떠나보낸 사람이 없는 상황을 동정받아야 하는 상황이 사회적으로 스스로를 은둔시키는 경우도 있다. 남겨진 사람들이 상실의 아픔에 대처하는 방법을 살펴보면 다음과 같다(한국방송공사 생로병사의 비밀 제작팀, 2014).

〈표 8-1〉 상실의 아픔에 대처하는 방법

상실의 단계	증상	방법
충격과 좌절 단계	부정, 분노, 자책, 감정 조절 실패로 몸과 마음에 이상이 생긴다.	현실 수용 시도, 몸과 마음이 원하는 대로 내버려 둔다.
고독과 우울 단계	고인의 부재로 인한 고독과 우울감, 외로움, 슬픔 등의 감정으로 인해 직장 및 사회생활에 문제가 생기기도 한다.	1년 정도 지속될 수 있고, 그 이상 지속될 때는 전문가와 상담 필요하다. 주위 사람들의 도움을 수용하고 만남과 교류를 통해 극복하는 것이 좋다.
수용과 적용 단계	고인이 없는 삶에 고통이 줄고 익숙해진다.	충분히 슬퍼하고 고통을 표현하는 과정을 통해 극복하게 된다.

출처: 한국방송공사 생로병사의 비밀 제작팀(2014). 오늘이 내 인생의 마지막 날이라면: 함께 준비하는 이별, 웰다잉. 서울: 애플북스.

남겨진 사람들의 주제는 떠나보낸 뒤 가족들이 해결해야 하는 문제로 보아야 한다. 충분히 슬퍼할 수 있도록 기다려주는 것, 고통의 표현을 받아주고 안아주어 현재의 상처를 극복할 수 있도록 도와주고 평범한 일상생활로 돌아갈 수 있도록 해야 한다.

3. 영원한 이별여행

1) 이별여행

누구나 이별을 할 때 멋있게 이별하고 후회 없는 아름다운 이별을 원할 것이다. 이러한 이별을 하기 위해서는 이별에 대한 준비가 필요하다. 여행을 떠날 때는 가볍게 떠날 수 있는 여행이 있고 많은 준비를 해야 하는 여행도 있다. 노년의 이별여행 준비는 '죽음에 대한 준비'이므로 중요한 의미가 있기 때문에 여러 가지 준비가 필요하다.

KBS 〈생로병사의 비밀〉에서 다양한 집단과 연령대의 국민 총 165명을 대상으로 진행한 이별 준비에 대한 설문 조사 결과 '사랑하는 사람과 함께 있는 것', '주변 정리', '다른 사람에게 부담을 주지 않고 고통 없는 이별' 등의 순서로 나타났다(KBS 생로병사의 비밀, 2014).

김수환 추기경의 이별 준비에 대해 자주 회자하고 있는 이유는 그분이 준비한 이별 방법에 기인한 것이다. 첫째는 화해로 준비하였고, 두 번째는 감사와 사랑으로 준비하였고, 마지막으로 자신의 신체를 기증하는 것을 끝으로 수명을 다한 아름다운 이별의 모습을 보여주었다. 이별을 준비하지 않았지만, 나라와 사람들을 위해서 나이와는 관계없이 갑자기 죽게 될 때도 의미 있는 죽음의 모습으로 아름다운 이별의 모습을 보여줄 수 있다. 세상과 만남은 마음대로 정함이 없지만, 세상과의 이별은 충분한 준비로 정함이 있다고 본다.

2) 영원한 이별

영원한 이별은 죽음에 대한 전 생애적 관점이다. 삶과 죽음은 동전의 양면과 같아서 살아가고 있다는 것은 역설적으로 죽어가고 있다는 것과 마찬가지이다. 그렇다면 우리는 언제 죽음에 대해 인식하게 되는가? 아동기에는 죽음에 대한 정확한 개념을 갖기 힘들며 10세 정도가 되어서야 비로소 인지 발달을 통해 분리와 상실을 인지하고, 죽음이 무엇인지 이해하기 시작한다. 이후 나이가 들어감에 따라 죽음에 대해 명확히 인식하게 되나 청년기에는 죽음에 대해 심각하게 생각하지 않는다. 이 시기에는 죽음이 어느 세대, 누구에게나 갑자기 찾아올 수 있는 것이라는 것은 모두 알고 있지만 나이가 젊을수록 죽음은 남의 이야기라고 생각하며, 죽음을 마치 노년기에만 일어나는 일인 것처럼 생각한다. 즉, 초기 성인기까지는 사람이 늙는다는 것과 죽을 수 있다는 사실이 자신과는 동떨어진 일이라고 생각하며 취업, 학점, 연애, 결혼과 같은 당면한 문제들을 해결하는 데 시간을 보내게 된다. 따라서 대부분의 경우 죽음에 대해 보다 명확히 인식하게 되는 시기는 성인기 이후라 볼 수 있다. 성인기에 접어들면서 결혼하고 자녀의 출산과 양육을 경험하거나 물리적인 나이가 들게 됨에 따라 세대 내 역할 변화를 통해서 자연스럽게 노화와 죽음을 인식, 인정하게 되는 것이다. 점차 자신의 부모를 비롯하여 친척의 죽음, 친구의 부모, 직장 동료의 부고를 접하고, 문상을 가는 일도 잦아지게 된다.

사람이 더 직접적으로 죽음에 대해 직면하고 수용하게 되는 것은 노년기이다. 노년기에 접어들수록 친구나 비슷한 또래의 사망으로 인해 죽음에 대해 직면하게 되고, 살아왔던 날들보다 앞으로 살아갈 날이 얼마 남지 않았다고 생각하게 되며, 죽음에 대해 점차 수용하게 된다. 하지만 노년기에 접어들었다고 해서 죽는 것에 대한 공포를 극복한 것은 아니다. 자신의 삶을 되돌아보면서 만족감과 의미를 더 많이 느끼게 되면 자아통합감(integrity)을 갖게 되어 상대적으로 두려움이 덜한 상태에서 죽음을 직면하게 되지만 자신의 지나온 삶에 대해 후회와 비애를 더 많이 느끼게 되면 절망감(despair)을 느끼게 되고 죽음에 대해 두려움과 억울함을 느끼게 된다.

이처럼 죽음에 대한 태도는 생애주기에 따라서도 다르지만, 그 밖에도 다양한 요인들이 존재한다. 예를 들어, 퀴블러 로스(Kübler–Ross, 1969)는 말기 암 환자 200여 명을 인터뷰한 결과를 바탕으로 사람들이 죽음을 받아들임에 있어 몇몇 공통된 정서반응을 보이고, 부인-분노-타협-우울-수용과 같은 일련의 과정을 거쳐 죽음을 수용한다고 주장하였다. 물론 죽음에 대한 태도가 모두 비슷한 단계를 거치는 것은 아니고 앞서 제시된 정서 중 두세 가지가 동시에 나타나기도 하며 문화적인 차이도 크다. 또한 타인의 죽음에 대해서 생각해 보는 것과 나의 죽음에 대해서 직접적으로 직면하는 것은 전혀 다른 태도를 갖게 할 것이다. 그리고 "죽으면 화장해서 바다에 뿌려줬으면 좋겠어요", "내가 죽으면 ○○가 제일 보고 싶을 거야"라고 생각하는 죽음과 "6개월 정도 사실 수 있을 것 같습니다"라는 말을 들었을 때의 반응은 매우 다를 것이다.

다른 모든 죽음과 마찬가지로 배우자와의 사별은 관계의 종결 그 이상의 의미를 가진다. 인생의 동반자로 정을 쌓고, 사랑, 자녀의 출생, 양육, 인생의 어려움과 즐거움을 함께 공유한 사람이 떠나고 홀로 남겨진 것이기에 사별 후의 슬픔과 허전함은 장기간 지속된다.

물론 다양한 이유에서 예외는 있지만 상실이라는 깊은 슬픈 감정에서 회복되는 시간은 생각보다 오래 걸린다고 한다. 많은 연구자들은 사랑하는 사람의 상실 후에는 최소 1년에서 2년여의 세월이 필요하다고 보고하고 있다. 따라서 보이는 것이 괜찮다고 해서 그가 잘 지낸다고 생각해 버리는 오류를 범하면 안 된다. 그리고 살아남은 사람이 예전 상태로 돌아가는 것은 사실상 불가능하다는 것을 인정해야 한다. '예전으로 돌아가는 것'이 아니라 '사랑하는 사람의 죽음을 인정하고, 상실된 상태를 안고 살아가는 것'이다.

둘이었다가 홀로 남겨지는 것은 양육 등 그동안 상대방에게 의지해 왔던 부분을 자신이 맡아야 함을 의미하며, 깊은 개인적 상실을 경험하게 한다. 남자의 경우는 아이들을 돌보는 것부터 밥 짓기, 빨래, 청소를 비롯하여 필요한 물건을 때 맞춰 구입하거나 집 안팎 관리, 공과금 납부 등 많은 부분을 맡아서 처리해야 한다. 아내의 경우에도 만약 집에서 살림과 자녀 양육을 주로 맡아왔다면 남편의 사망은 가정에 많은 혼란을 준다. ㅇㅇ의 아내, ㅁㅁ의 엄마 역할에서 갑자기 가장의 역할을 안게 되어 정체감의 혼란이 생기며, 경제적으로도 고통을 얻을 수 있다. 특히 초기 성인기에 사별할수록 남녀 모두가 어린 자녀에 대한 양육, 아이가 느끼는 고통에 대한 위로, 배우자가 없음에 대한 자신의 고통을 복합적으로 감내해야 함에 따라 슬픔의 시간이 상당히 오랫동안 지속될 수 있다.

노인의 경우에는 사별을 어느 정도 당연하게 여겨서 주변에서 사별을 경험한 노인 집단의 신체건강, 정신건강의 악화를 간과하는 경향이 있지만 노년기에 배우자의 죽음으로 홀로 남은 사람들도 건강에 대한 두려움과 자녀와의 관계 문제, 배우자가 없는 상태에서 자신의 역할을 수행할 수 있는 능력에 대한 고민, 사회적 지지기반의 축소 등을 경험하게 된다. 즉, 노년기 배우자와의 사별도 초기의 사별과 같이 매우 심각한 정신적 고통이다.

인간의 평균수명과 사회적 활동, 생물학적 요인, 결혼 연령들을 고려할 때 노년기에는 여성이 홀로 남을 가능성이 더욱 높으며, 비록 리 등(Lee et al., 2001)의 연구와 같이 몇몇 연구에서 노인 남성들에 비해 여성의 경우 사별에 대해 더 잘 적응한다는 결과를 보이긴 하지만 대부분의 삶을 함께 보내고, 가치관을 공유하였던 자기의 일부를 떠나보내는 것은 남녀 모두에게 깊은 개인적 상실을 경험하게 한다.

사별은 슬픔과 노력의 과정을 통해 적응해 가는 것이다. 사별의 고통과 사별 이후 적응에 대한 연구들은 사별과 그 이후 삶에 대한 적응의 어려움에 대해 잘 보여주고 있다. 예를 들어, 스트뢰베(Stroebe et al., 2012)는 사별한 지 4개월 된 사람들을 대상으로 연구를 진행하였는데, 사별 후에도 고인과의 지속적인 유대관계(continuing bonds: 고인이 계속 존재할 것 같은 느낌, 포기를 거부하고 나와 그가 계속 연결되어 있다는 느낌)를 가지고 있는 사람들이 더 큰 심리적 부적응을 보이며, 특히 예기치 못한 죽음인 경우에는 이러한 지속적 유대감이 고통을 매우 증가시키며 시간이 지나도 우울감이 높은 상태를 유지한다는 결과를 보고하였다. 그렇다면 우리는 사별에 대해 어떻게 대처할 수 있을까?

사별은 극복하는 과정이라기보다는 긴 혼란과 슬픔, 또 긍정적으로 생각하려는 노력의 과정들을 겪으면서 적응해 나아가는 과정이다. 사별에 대처하기 위한 이중 과정 모델(Stroebe & Schut, 1999)에서는 상실 그 자체를 다루는 것에 초점을 두는 방식과 새로운 삶에 적응하기 위한 회복에 초점을 맞추는 방식으로 사별에 대한 대처를 구분하고 이 두 가지 방식이 서로 순환하는 역동적인 과정이라 소개한다. 즉, 사별 이후에는 그와 관련된 생각이나 떠오르는 기억들로 인하여 슬픔에 마주하기도 하지만, 여기에 머무르지 않고 사별에 대한 생각을 최소화하고 긍정적으로 생각하려는 노력을 기울이기도 한다. 그리고 또다시 사별에 대한 생각을 떠올렸다가 또 앞날에 대해 긍정적으로 생각하려 하는 등 순환적 행동이 반복되면서 점차 사별에 대해 적응한다는 것이다. 따라서 사별은 극복하는 과정이라기보다는 긴 혼란과 슬픔, 노력의 과정들을 겪으면서 적응해 나아가는 과정이다. 따라서 다양한 다른 이유도 존재할 수 있지만 사별 후 얼마 지나지 않아 새로운 사람을 만나기도 하고 평생 혼자 살기도 하는 것은 이러한 사별에 대한 대처방식 중 어떠한 대처방식에 보다 초점을 맞추었는가도 중요한 역할을 한다.

이 글을 읽는 많은 사람에게 죽음은 아직은 먼 미래일 것이다. 하지만 아주 가끔은 죽음이 바로 옆에 있음을 직시할 필요도 있다. 지금 나이가 몇 살이든 관계없이 아주 가끔 죽음에 대해서 생각하는 것을 통해 삶에 대해 생각할 기회를 갖자. 죽음에 대한 인식과 생의 유한함에 대한 이해는 역설적이지만 우리가 주어진 시간을 더욱 성실하고, 가치 있게 쓰고자 노력하게 하여 하루하루를 살아가는 힘이 될 수 있다.

4. 남겨진 사람

'베르테르 효과'라는 유명한 말이 있다. 자신의 이상형이나 사회적 영향력이 큰 유명인이 자살할 경우 그것을 모방한 일반인의 자살 시도나 자살률이 급증하는 현상을 말한다. 괴테의 『젊은 베르테르의 슬픔』이 유럽 전역에서 선풍적인 인기를 끌었을 당시 주인공 베르테르를 따라 자살한 젊은이가 급증한 데서 따온 말이다. 이렇듯 누군가의 갑작스러운 죽음은 주변 사람들에게 작지 않은 충격과 슬픔으로 다가온다. 하물며 그 대상이 가족이라면 더더욱 그러하다. '산 사람은 어떻게든 살기 마련이다'라는 말이 있지만, 사랑하는 사람을 떠나보내는 남은 이들에게는 심한 고통이 있다.

떠나보내는 이의 대상에 따라 슬픔과 고통도 다르다. 부모님과 사별했을 때는 사랑만 해주시던 분들이 떠나고 계시지 않으며, 세상에서 언제든지 의지할 수 있는 대상이 사라졌다는 것은 큰 상실의 고통이 따른다. 한편으로는 그렇게 의지만 했기에 사랑을 드리지 못해 미안한 마음과 후회의 마음을 가지기도 한다. 부부간의 사별은 부모님과의 사별보다 더 각별한 스트레스로 조사되었다. 견딜 수 없는 상실감에 사별한 배우자의 뒤를 따라 자살하는 사람도 종종 있다. 2022년 자살 예방 백서에 따르면 2020년 기준으로 전체 사망 수는 13,185명에 달했다(한국생명존중희망재단, 2022). 자살 유가족은 누군가의 자살에 노출된 후 상당 기간 높은 수준의 심리적, 신체적, 사회적 고통을 경험하는 사람들을 의미하는데, 가족은 물론 친구, 지인까지 해당한다. 국내외 연구논문에 따르면 일반적으로 자살자 주변에는 5~10명 정도의 자살 유가족이 발생한다. 어쩌면 부모와 함께했던 생활보다 부부가 함께 생활한 시간이 더욱 많기에 부부의 사별은 그만큼 더 큰 좌절과 상실의 아픔으로 나타난다. 싸우기도 하며 원망과 불평의 대상이었기도 하지만 막상 혼자 살아가는 것은 암울하기만 하다. 자식을 잃은 경우는 더욱 상실감이 심하다. 흔히 사람들은 자식이 죽었을 때 가슴에 묻는다고 한다. 이 말은 자식을 앞세워 보낸 것은 자신이 죽은 것과 같은 마음이기 때문이다. 아무리 울어도, 시간이 흘러도 흐르는 눈물이 마를 수가 없다. 부모와의 사별은 1년, 배우자와의 사별은 3년, 자식은 평생이라는 말이 있듯 떠나보내는 대상에 따라 슬픔과 고통이 다르다(최준식, 2020). 대상들의 흔적들이 사라지는 과정은 남아 있는 사람들의 몫으로 자연스럽게 남게 된다. 해약해야 하고, 말소하고, 취소와 취하를 해야 한다. 사망증명서로 이어지는 과정에서 함께 느낄 수 없는 사무적인 모습들은 남은 이들에게 다시 한번 고립을 느끼게 한다. 그래서 경험 있는 사람들은 그들을 도와주려 할 때 씻는 것도, 버리는 것도, 정리하는 것도 하지 않는다(노선정, 2019; Roland, 2018).

일식집 직원으로 함께 근무하며 사랑을 키우다 10년의 연애 끝에 결혼한 아내는 대홍 씨의 전부였다. 열심히 돈을 모아 2009년 드디어 꿈에 그리던 자신들의 가게를 열었지만, 아내는 얼마 후 위암 말기라는 진단을 받았고, 그로부터 불과 6개월여 만에 세상을 떠났다. 발견 당시 이미 병이 깊었던 탓에 아내는 수술도, 항암치료도 제대로 받지 못했다. 아내가 죽은 후 대홍 씨는 견딜 수가 없는 상실감으로 방황했다. 살아가야 할 이유도 희망도 찾을 수가 없었고 우울증과 지독한 불면증이 찾아왔다. 당시 대홍 씨의 가장 큰 고통은 아내가 없는 자리라고 하였다. 그 후 대홍 씨의 아내가 떠난 1년 뒤에도 대홍 씨의 마음엔 슬픔과 그리움이 여전했지만, 처음 1년 전에 비해 많은 안정을 찾았고, 아내는 없었지만, 정상에 가까운 일상으로 복귀하였다. 물론 여기엔 대홍 씨를 위한 사별 가족을 위한 치유 프로그램이 도움이 되었다(KBS 생로병사의 비밀 제작팀, 2014).

5. 홀로서기

앞서 이야기한 대홍 씨처럼 홀로 남은 사람들을 돕는다는 것은 매우 어려운 일이다. 남겨진 사람들의 마음을 위로하고 치료하는 것은 전문 상담가의 영역처럼 보이기도 한다. 그렇지만 우리 주변 가까운 곳에서 일어나는 일들 특히, 가족과 같은 사람의 상실이 고통을 그저 전문가에게만 의지하기에는 다소 무리가 있다. 그래서 우리가 사별의 고통을 가지는 남은 이들의 상태를 살펴보아야 한다.

남은 이들에 대해 이해해야 할 것은 먼저 슬픔을 대하는 반응에 있어서 큰 개인차가 존재한다는 점이다. '내 반쪽이 떨어져 나가는 느낌', '내가 없어진 느낌', '죄책감', '분노', '부정의 감정' 등의 모습들은 개인적인 성향과 상황에 따라 다르겠지만, 비슷한 반응의 양상이 나타난다. 또한 사별을 경험한 후 시간이 지나면 회복되기도 하지만 정상적인 생활을 찾기는 어렵다. 이렇게 시간이 소요되어야 하는 경우에는 장기적으로 기다림을 가지고 접근해야 한다. 사별한 사람의 마음을 공감해 주고 표현해 주는 말과 글은 힘든 감정을 이겨낼 힘을 제공할 수 있다. 이와 함께 할 수 있는 관심과 배려는 전화와 방문을 통해서 이루어지는 것으로 쓸쓸함과 허전함을 채워줄 방법이 될 수 있다. 사별한 이의 이야기를 들어주는 것도 실제로 도움을 주는 방법이다. 무슨 이야기를 하고 있는지 마음의 소리를 들어주고, 가만히 옆에 있어 주기만 해도 된다. 이때 주의할 점은 남은 사람을 중심으로 생각하여 오랜 시간 방문해서 머물지 않고, 만약 준비가 되지 않은 상황이라면 자꾸 강요하지 않아야 한다(조계화, 이윤주, 이현지, 2006).

Chapter >> 09

아름다운 이별과 죽음

1. 아름다운 이별

죽음에 대해 생각하는 죽음이 아름다운 죽음이다. 죽음에 대해 미처 준비하지 못하였거나, 준비하지 않는 것은 삶의 마지막 마침표를 찍지 않고 끝내는 것과 같다. 계획했던 일을 미처 다 이루지 못했을 때 삶이 끝날 것 같은 초조함이 있을 수 있다. 인생은 유한하니 말이다. 그런 유한한 인생을 점 하나 찍지 못해 아니면 찍는 것이 두려워서 전전긍긍하며, 처음부터 생각조차 하지 않으려는 시도는 지혜롭지 못한 모습이다. 죽음을 안다는 것은 불가능하다 죽는 것은 연습도 실습도 할 수 없는 것이기 때문이다. 그런 이유로 인하여 여러 현자들은 죽음을 미리 준비하라고 한다. 그 누구도 자신이 소장하던 물건을 남김없이 써버리거나 빈틈없이 정리해두고 죽음을 맞지는 못한다. 죽음은 우리가 미처 예상하지 못한 순간이기 때문이다(이경신, 2016). 건강하게 사는 것이 웰빙이라면 웰빙도 마무리해야 할 시기가 있다고 본다. 웰빙을 마무리하는 것이 웰다잉이다. 웰빙이 사는 것에 대한 지혜를 추구하는 것이라면 웰빙은 사는 것에 대한 완성이라 생각한다. 우리는 이런 질문을 마주하게 되었을 때 어떤 생각이 드는지 생각해 보자.

'지금 생각나는 사람이 있다면?'

'지금 해보고 싶은 일이 있다면?'

'지금 당신이 죽는다면 누구에게 연락해서 무슨 말을 하겠습니까?

평상시라면 아무렇지 않게 다가올 질문일 수 있겠지만, 죽음에 대해 진지하게 고민을 해보는 순간 내 삶이 웰빙, 즉 건강해지는 것이다. 흔히 오는 순서는 있어도 가는 순서는 정해지지 않았다는 말이 있다. 아무것도 내 의지로 할 수 있는 것이 없다는 뜻일 수 있다. 그래서 더욱더 웰다잉 해야 한다.

당신이 만일 3일 후에 죽는다면…

미국 유학 중 여름방학을 앞둔 화창한 여름날
교수님이 칠판에 강의내용을 적었다.
당신이 3일 후에 죽는다면…

우리가 만일 사흘 후에 죽게 된다면 당장 하고 싶은 일이 뭔지 생각해 보자는 것이다.

어떤 친구가 일단 "부모님께 전화하고, 애인이랑 여행가고, 음~ 작년에 싸워서 연락이 끊어진 친구한테 편지 쓰고, 그럼, 사흘이 다 지나가겠죠?"

학생들은 저마다 웅성대며 하고 싶은 일을 떠들어댔고 나도 고민하기 시작했다.

글쎄 나 같으면 우선 부모님과 마지막 여행을 간다. 그다음에는 꼭 한번 들어가 보고 싶었던 고급식당에서 비싼 음식을 먹는다. 그리고는 그동안의 삶을 정리하는 마지막 일기를 쓴다.

20분 후 교수님이 몇몇 학생들의 대답을 듣기 시작했다.

"3가지만 순서대로 대보세요, 자 누가 먼저?"

몇몇 학생들이 대답을 했다. 그런데 사람들의 3가지 소망은 뜻밖에도 다들 너무 평범했다. 여행을 가겠다. 맛있는 걸 먹겠다. 싸우고 토라진 친구와 화해하겠다. 고향에 계신 부모님께 전화하겠다. 등등 바로 그때 교수님이 칠판으로 다가가 단 한마디로 썼다. Do it now!(바로 지금 하라!) 들뜨고 어수선했던 강의식은 찬물을 끼얹은 듯 조용해졌다.

Do it now! 죽음이 눈앞에 닥칠 때까지 미루지 말고 지금 당장 그 모든 일을 실천하며 살라~. 그 한마디야말로 내가 유학 중에 배우고 익힌 그 어떤 학문이나 지식보다 값진 가르침이었다.

출처: 한비야(2001). 한비야의 중국견문록. 서울: 푸른숲.

2003년 2월 18일 발생한 대구 지하철 참사 마지막 문자 내용

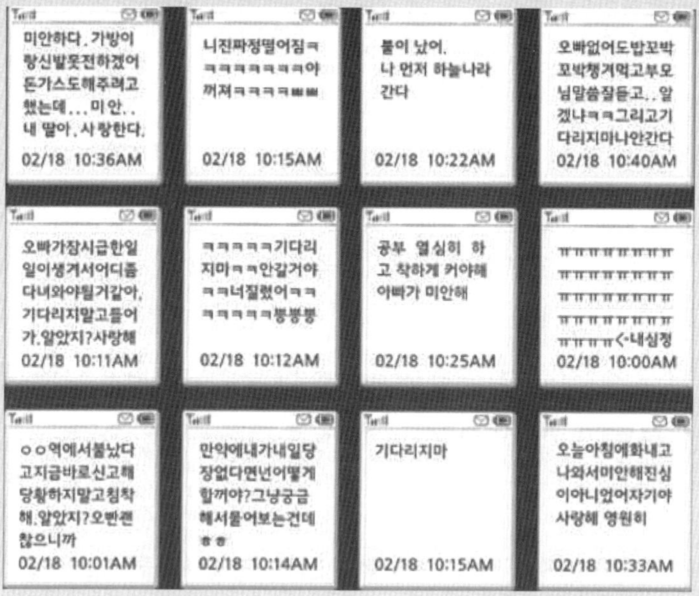

2014년 4월 16일 발생한 세월호 참사 마지막 문자 내용

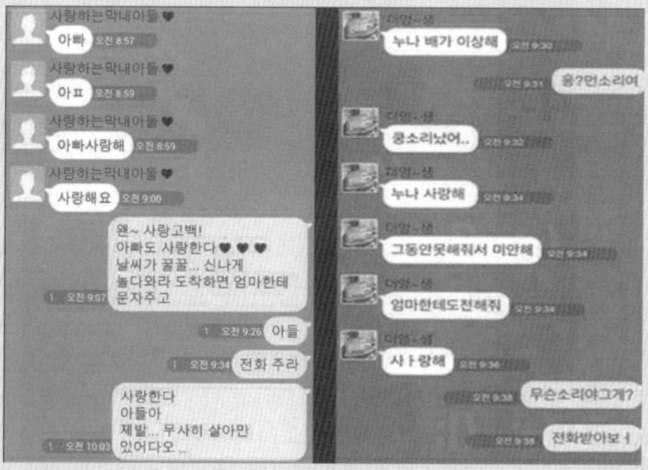

출처: (위) 머니투데이(2013.02.18.). 대구 지하철 참사 10주년, 그들이 보낸 마지막 문자는.
(아래) 데이미언(2023.04.16.). 세월호 참사, 마지막 메시지.

'사람이 죽는다는 것은 확실한 일인데도 나는 죽지 않는다는 무의식의 신념 때문에 인간은 불행하다.'라고 했던 독일의 실존주의 철학자 하이데거의 말처럼 더 이상 삶에 대한 오만함으로 불행해지기 전에 언젠가 나를 찾아오게 될 죽음을 위한 자리를 마련해야 한다(KBS 생로병사의 비밀 제작팀, 2014).

조앤 린과 존 해롤드(Lynn & Harrold, 1999)의 저서 '죽음을 대비하라'에서 기억, 재평가, 화해, 재결합에 관한 이야기가 소개된다(주형규, 오상은, 2007). 나에게 영향을 준 사람을 기억하고 내가 영향을 준 사람을 기억하고, 자신의 삶을 냉철하게 평가해 보고, 나와 타인과의 평화를 모색하여 관계를 회복하라는 의미로 해석할 수 있는 이러한 내용이 아름다운 죽음을 준비하는 모습이고, 다른 말로는 아름다운 삶을 사는 모습이라 정하고 싶다.

일본 대기업 사장의 생전 장례식…고령화 사회의 '종활' 바람

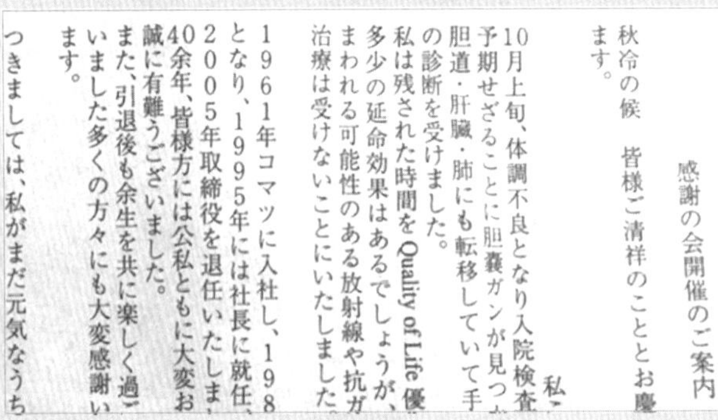

感謝の会開催のご案内
秋冷の候　皆様ご清祥のこととお慶
ます。
私
10月上旬、体調不良となり入院検査
予期せざることに胆嚢ガンが見つ
胆道・肝臓・肺にも転移していて手
の診断を受けました。
私は残された時間をQuality of Life優
多少の延命効果はあるでしょうが、
まわれる可能性のある放射線や抗ガ
治療は受けないことにいたしました
1961年コマツに入社し、198
となり、1995年には社長に就任、
2005年取締役を退任いたしま
40余年、皆様方には公私ともに大変お
誠に有難うございました。
また、引退後も余生を共に楽しく過ご
いました多くの方々にも大変感謝い
ます。
つきましては、私がまだ元気なうち

안자키 사토루 전 고마쓰 사장이 신문에 감사의 모임이라는 이름으로 낸 '생전 장례식' 광고

대기업 회장의 이례적 '생전 장례식'이 일본 사회에 반향을 일으키고 있다. 생전 장례식을 여는 이는 건설 기계로 유명한 대기업 고마쓰의 전 사장 안자키 사토루(80)다. 안자키 전 사장은 20일 〈니혼게이자이신문〉에 실은 광고에서 "남은 시간 삶의 질을 우선하겠다"며 "약간의 연명 효과가 있다고는 하지만 부작용 가능성이 있는 방사선 치료와 항암제 치료는 받지 않기로 했다"고 밝혔다. "1961년 고마쓰 입사 뒤 퇴임한 2005년까지 40여 년 동안 신세를 진 이들 그리고 퇴임 뒤 여생을 같이 즐긴 이들에게 감사의 마음을 전하고 싶다"고도 했다. 그는 1995년부터 2001년까지 사장을 역임하고 이후 회장과 고문 격인 상담

역을 거쳤다. 퇴임 뒤에는 강연활동 등을 해왔다. 〈마이니치신문〉은 대기업 사장 출신이 생전 장례식을 여는 것은 이례적인 일이며, 인터넷에서는 인생의 마지막을 정리하기 위한 활동이라는 뜻의 '종활'(終活)로 받아들여지고 있다고 전했다.

일본에서 '생전 장례식'은 에도 막부 시대에도 간혹 있었다고 할 만큼 역사가 오래됐지만, 활발해진 것은 고령화 사회가 진전된 최근의 일이다. 연예인들이 이벤트 형식으로 여는 경우가 많았다. 전 적군파 의장으로 지난 14일 숨진 시오미 다카야가 2010년 연 생전 장례식도 화제를 모았다. 시오미는 여객기를 납치해 북한으로 간 1970년 '요도호 사건' 등을 주도한 일로 19년을 복역한 뒤 노년에는 주차관리원으로 일하며 시민운동도 했다. 그의 생전 장례식은 오키나와 미군 기지 문제 해결을 위한 시민운동 자금 모금을 겸한 것이었다. 생전 장례식은 주위에 감사의 마음을 전하는 목적이 크기 때문에 사후에 작더라도 다시 장례식을 여는 경우도 많다. 시오미의 경우에도 친지들을 중심으로 소규모 장례식이 열렸다.

생전 장례식 자체는 아직 이례적이지만, 2010년께부터 유행한 '종활'은 비즈니스로까지 발전했다. 일본은 65살 이상 고령자 비율이 27.7%를 차지하는 고령사회인 데다가 출산율은 낮아서, 고령자들이 장례식부터 유산 정리까지 스스로 준비해 놓아야 주위에 부담을 주지 않는다는 의식이 확산되고 있다. 이 때문에 생전에 미리 장례식 비용을 치르는 장례식 생전 계약이 증가하고 있다. 생전에 묘를 미리 사놓는 경우도 많고, 물품 정리 대행 사업도 있다. NHK방송은 종활 사업 시장 규모를 연간 1조 엔(약 10조 원)대로 추산했다.

출처: 한겨레신문(2017). 일본 대기업 사장의 생전 장례식…고령화 사회의 '종활' 바람.

2. 애도

애도는 의미 있는 애정 대상을 상실한 후에 따라오는 마음의 평정을 회복하는 정신과정이며, 애도는 주로 사랑하던 사람의 죽음(사별)과 관련된 것으로 알려졌지만, 실은 모든 의미 있는 상실에 대한 정상적인 반응을 일컫는다. 애도의 지배적인 기분은 고통스러운 것이고, 이러한 기분은 외부 세계에 대한 흥미의 상실, 상실한 대상에 관한 기억에 몰두, 새로운 대상에게 투자할 수 있는 정서적인 능력의 감소 등을 수반한다. 정상적인 애도는 병리적인 것이 아니며 치료가 필요하지 않다. 시간이 지남에 따라 개인은 상실에 적응하고 관계에서 즐거움을 느낄 수 있는 능력을 회복한다.

애도 과정에 있는 사람은 비록 현실 검증 능력을 유지하고 있고 사랑하던 대상이 더 이상 존재하지 않는다는 것을 인정한다고 해도, 처음에는 상실한 대상에 대한 애착을 거두어들일 수 없다. 대신, 그는 현실을 부인하고 상실한 대상의 정신적 표상에 매달림으로써 고통으로부터 도피하고자 한다. 이로 인해 대상의 상실은 자아의 상실로 변형된다. 그러나 애도 과정의 단계를 통과함으로써, 이러한 자아상실은 차츰 치유되고 정신적 평정은 회복된다.

애도 작업은 서로 관련된 3개의 연속적인 단계를 거치며, 한 단계에서의 성공은 다음 단계에 영향을 미친다.

① 상실과 상실의 상황을 이해하고 수용하고 대처하는 단계
② 상실한 대상에 대한 애착과 동일시를 철회(탈집중)함으로써 적절한 애도를 수행하는 단계
③ 개인의 성숙 수준에 맞는 정서적 생활로 복귀하며, 흔히 새로운 관계를 형성하는 단계(재집중)

나이와 상관없이, 정서적 성숙의 수준, 고통스러운 정서를 견디는 능력, 자율적인 자존감 조절능력, 상실한 대상에 대한 의존의 정도, 상실이 발생한 상황 등과 같은 내적 및 외적 요인들이 애도 과정을 수행하는 능력에 영향을 미친다. 아동일 경우, 자기와 대상 항상성의 수준, 죽음의 구체적 의미를 이해하는 능력, 고통스러운 정서를 견디는 능력, 부모와의 지지적 관계 경험을 포함한 발달적 요인들에 따라 애도의 결과가 달라진다.

상실한 대상이 사람이 아니어도 애도라는 용어를 사용할 수 있다. 예를 들면, 조국의 자유 혹은 이상에 대한 신념과 같은 추상적 실체에 대한 표상을 상실할 때도 슬픔과 애도가 발생할 수 있다. 사고나 외과 수술로 인해 신체 일부를 상실하거나 나이가 들어감에 따라 신체적 능력을 상실할 때에도 애도는 필요하다.

그 밖에도 마음을 쏟았던 무생물적 대상(예를 들면, 집), 안정감의 원천이었던 어떤 것(직업), 중요한 분리(이혼, 친구의 이사, 자녀의 독립, 분석의 종결)와 같은 상실들도 애도가 필요할 수 있다.

프로이트(S. Freud)는 정상적 애도와 우울증을 구별하였지만, 대부분의 정신분석가들은 우울증과 병리적 애도를 보다 정확히 구별할 필요성을 느끼지 못하고 있다. 어떤 형태의 우울증은 대상 상실이 아니라 생물학적 병인에 의해 야기된다. 병리적 애도 반응 중에는 방어적으로 애도를 하지 않거나 애도 반응의 기간을 연장시키는 것 등이 있다. 볼칸(Volkan)은 이것을 "대상과의 연결됨"을 통해 상실한 대상의 표상을 영구히 간직하려는 시도라고 말했다.

1) 애도의 과정

가족과의 사별 때문에 극심한 인격적인 위기와 정서적 충격을 경험한 가족이 사별에 적응해 나가기 위해 경험하는 슬픔의 과정으로, 비탄과정이라고도 한다. 애도과정은 남아 있는 가족 구성원이 고인과의 유대를 끊고, 고인이 없는 환경에 다시 적응하면서 새로운 관계를 형성해 나가는 과정이다. 애도과정은 사별에 따른 슬픔을 떨치고 일어서서 이상적인 사회생활에 복귀하기까지의 여러 가지 체험과 그 체험으로 인한 여러 가지 깨달음을 모두 포함한다. 프로이트가 히스테리 환자의 상실체험에서 '상(喪)의 작업'을 이론화한 것에서 애도에 관한 연구가 시작되었으며, 많은 연구자가 사별자의 심리와 정신치료의 문제에 관심을 가져왔다.

정신분석 가족치료에서 애도과정의 개념은 프로이트의 억압이론(抑壓理論)을 개인 대신 가족 전체에 적용한 것이라 할 수 있다. 프로이트의 이론에서는 죽음 또는 상실에 대한 비탄(悲歎)이 불충분하기 때문에 증상이 나타나는 경우가 있다고 말하지만, 가족체계 전반에서도 사자(死者)에의 불충분한 애도가 문제를 불러일으키는 경우가 있을 수 있다. 가족에 대한 치료자의 역할은 가족이 부인하고 있는 것을 명확히 하고 그 비탄을 철저하게 맛보며, 거기에서 벗어나도록 도와주는 데 있다. 워덴(Worden)은 애도과정에서 중요한 과제를 다음과 같이 제시하였다(Worden, 2018, 2002).

첫째, 상실의 현실을 받아들인다. 상실의 현실 수용하기로, 죽음이 일어났다는 현실을 받아들이는 것을 통해 불신과 죽음에 대한 부인을 극복하는 것이다. 사람이 죽었을 때, 비록 그 죽음이 예기된 일이라 해도 사람들은 항상 그것이 일어나지 않았어야 한다는 느낌이 있다. 사별 애도에 대한 첫 번째 과업은 '그 사람은 죽었고, 더 이상 볼 수 없다'라는 현실과 완전히 직면하는 것이다

둘째, 비탄의 고통을 받아들인다. 사별의 슬픔을 견디며 애도작업하기로, 정서적 고통뿐 아니라 상실로 나타난 신체적·행동적인 어려움을 부인하거나 회피하지 않고 충분히 겪어내는 작업을 말한다. 깊은 애착관계에 있었던 사람을 고통 없이 잃어버린다는 것은 불가능하다. 따라서 과업의 수행을 통하여 사별 슬픔을 촉진시켜 평생 고통을 지고 살아가지 않도록 하는 것이 중요하다.

셋째, 죽은 자로부터의 도움이나 우정이 없는 환경에 적응한다. 고인을 잃은 환경에 적응하기로, 변화된 생활에 새로운 방안을 개발하고 새로운 역할들을 수행하면서 상실에 대처하는 실제적인 대처전략을 개발하는 작업을 말한다. 워덴은 외적 적응, 내적 적응, 영적 적응의 세 영역의 적응을 제시하였다. 외적 적응은 타인과의 관계, 다양한 역할 변화, 재취업 등의 적응을 말한다. 내적 적응은 소중한 타인의 죽음으로 변화된 자신에 대해 새롭게 이해하는 작업을 말한다. 영적 적응은 세상이나 사람에 대한 지각이나 신념의 변화에 적응하는 것이다.

넷째, 죽은 자를 향해 있는 많은 심적 에너지를 새로운 관계자에게 돌린다. 고인과의 연계 속에 새로운 삶을 발견하는 것으로, 죽음 이후에 바뀐 상황이 만족스럽게 반영될 수 있도록 고인과의 관계를 바꾸고 재설정하여 다시 형성하는 것이다.

2) 애도의 특징

애도는 상실 이후에 나타나는 자연스러운 반응으로서, 그 자체를 병리적인 것으로 간주하지 않는다. 오히려 상실 후 애도 과정을 제대로 거치지 않는 경우 억압된 정서, 해결되지 않은 감정 등이 시간이 지난 이후 폭발적인 형태로 분출되거나 대인관계와 일상생활에 대한 복귀를 어렵게 하는 장애요인으로 작용할 수 있다. 따라서 상실 이후 충분히 애도과정을 거치고 이를 통해 애착을 가졌던 대상이 이 세상에 더 이상 존재하지 않거나 이전과 같은 형태로 유지될 수 없음에 대하여 충분히 인식하고 받아들일 수 있도록 하는 것이 필요하다.

살면서 누구나 사랑하는 사람과의 이별, 중요한 직업적, 심리적, 환경적 변화를 통한 상실을 경험한다는 점에서, 애도는 심리학 연구의 중요한 영역으로 자리 잡아 왔다. 즉, 애도가 적절하게 이루어지지 않았을 경우에 나타나는 부정적인 증상 및 영향에 대한 연구가 주를 이루었으며, 구체적으로는 애도와 우울 증상의 관계들이 대표적이다.

또한 애도를 통한 삶의 의미에 대한 재발견, 외상 후 성장 등의 애도가 가지는 긍정적 역할에 대한 연구도 진행되었다. 이러한 연구에서는 상실을 통하여 삶과 죽음에 대하여 새롭게 정의하고 새로운 역할에 대하여 학습하며 성장하는 과정, 심리적·영적 성숙이 일어나는 과정 등이 다루어졌다.

3) 지속되는 애도

애도 과정은 지극히 정상적인 반응이다. 그런데 이런 과정을 벗어나, 시간이 흐른 후에도 계속 고인을 그리며 애도 반응을 지속하는 경우가 있다. 사랑하는 사람이 죽은 후 약 6개월이 지났음에도 여전히 고인에게 극단적인 관심을 기울이며 고인을 회상하고 그리워하는 것이 그 예다. 이럴 경우 깊은 슬픔과 우울감, 일상생활에서의 위축, 불안, 초조감 등의 질환 증상들을 보이기도 한다. 상실에 의한 스트레스가 과도하게 작용을 한 것이다. 연구에 따르면 이때 항우울제(SSRI: 세로토닌 재흡수 차단제)가 효과 있다는 보고도 있다.

최근에는 이런 '지속되는 애도'를 외상 후 스트레스 반응의 하나로 생각하는 경향도 있다. 특히 질병, 사고가 아닌 자살로 가족을 상실한 경우, 유가족들은 정신적 외상을 경험하게 되고, 분노, 죄책감, 고립감 등의 혼돈을 경험하게 되면서, 불면증, 우울증으로 정신과 상담을 받는 경우가 많다. 한편, 자살유가족의 자살 위험도는 일반인보다 6배 높다고도 알려져 있다. 많은 사람은 전문가의 도움을 받지 않고 상실의 경험을 지나치곤 한다. 아무리 슬퍼도 정상적인 애도 반응을 거쳐 일상생활로 돌아가게 된다면 큰 문제는 없다. 그러나 애도의 반응이 다음 단계로 연결되지 않고 지속되거나, 가족의 죽음에 대하여 지나치게 죄책감을 느끼고 집착하는 등 '지속되는 애도(Prolonged Grief, Complicated Grief)' 증상이 나타나면 자칫 우울증이나 약물, 알코올 문제들로 이어질 수 있으므로 전문가와의 상담을 통해 도움을 받는 것이 좋다.

3. 상실

상실(loss)이란 어떤 것이 아예 없어지거나 사라지는 것이며, 어떤 사람과 관계가 끊어지거나 헤어지는 것이다. 칼슨(Carlson, 1978)은 "인간이 가치 있게 생각하는 어떤 대상에서 가까이할 수 없게 되거나 더 이상의 가치나 목적을 달성할 가능성이 없어지는 실제적인 혹은 잠재적인 상황"으로 정의했다(박찬희, 2021). 즉 한 개인이 가치 있다고 생각하는 것을 박탈당함을 의미한다(육성필 외, 2019). 누구나 일상생활에서 크고 작은 상실(loss)을 경험한다. 상실의 대상은 친구, 가족, 돈, 직업, 대인관계 등 다양한 것들이 될 수 있다. 하지만 상실에 대한 반응과 각자 느끼는 고통은 사람마다 다를 수 있다. 누군가에게는 돈을 상실하는 것이 그 어떤 상실감보다 클 수 있으며, 어떤 사람에게는 가까운 친구와의 관계를 상실하는 것이 부모를 잃는 것보다 더 고통스러울 수도 있다. 상실감은 우리에게 슬픔과 고통을 안겨주어 일상생활에 큰 영향을 미친다.

1) 상실의 종류

우리가 살아가는 동안 겪게 되는 상실을 좀 더 세분화하면 물질적 상실, 심적 상실, 기능적 상실 등으로 구분할 수 있다. 물질적 상실은 자신이나 가족이 중요하게 여기고 의미를 부여한 물건들을 잃어버리는 것이다. 자신이 애정을 쏟은 만큼 고통과 슬픔이 따르게 된다. 관계적 상실은 죽음, 이사, 이혼, 직업전환, 개인적인 관계의 변화 때문에 정서적으로나 신체적으로 더 이상 관계를 지속할 수 없는 것이다. 이 중에서 죽음에 의한 관계상실은 무엇보다도 가장 큰 슬픔과 고통을 안겨준다. 이 같은 고통스러운 반응은 상실의 고통을 극복하고 생명력 있게 살아가기 위한 정상적이고 건강한 반응이라 할 수 있다. 물질적 상실과 관계적 상실은 유아기부터 경험한다.

심적 상실은 자기 자신의 가능성에 대한 상실, 미래를 위한 계획의 포기, 희망의 소멸 등 개인의 능력이나 자신감, 소망 등을 상실하는 것이다. 이는 개인 내적인 상실이라 하더라도 외부사건이나 관계경험에서 비롯된다. 이런 경험은 사춘기에 접어들면서 현실적 자각이 활발하게 이루어지면서 겪기 시작하여 성인기에 이를수록 더 많아진다. 그러나 심리적 상실이 반드시 자신의 기대나 현실적 수준의 차이에서만 오는 것은 아니다. 중요한 임무를 달성하거나 자신이 원하던 것을 얻고 난 이후에 상실감을 느낄 수도 있다. 예를 들면, 어려운 상황에서 공부하여 박사학위를 받은 뒤 공허감과 허탈감을 경험하는 경우가 있다.

기능적 상실은 신체적 또는 신경생리적 기능을 잃어버리는 것이다. 이는 선천적 기능상실, 교통사고나 산업재해 등의 외부사고에 따른 상실, 그리고 나이가 들어가면서 나타나는 노화현상의 결과다. 역할상실은 사회적 역할이나 조직사회에서의 역할상실을 말하며 이는 은퇴, 명퇴 등으로 나타나고, 자신뿐만 아니라 가족에게도 부정적인 영향을 미치면서 우울증을 동반하기도 한다. 조직의 상실은 가정이나 사회조직 안에서 그물망처럼 연결된 조직망의 체계상실을 뜻한다. 예를 들면, 한 50대 여성의 가정에서 자녀는 공부를 위하여 외국에 나가 있고 남편은 다른 도시에서 근무함으로써 가족 간 관계가 소원해지고 지금까지 해 왔던 역할이 없어져 가정이라는 조직이 제 역할을 하지 못하는 상태가 된 경우에 이 여성의 이러한 상실은 심리적 고통, 신체적·인지적·행동적 증상으로 나타날 수 있다.

관계상실 경험은 전 생애발달 관점에서 보면 보편적 경험이다. 가까운 사람과 사별로 인한 상실을 경험하면 슬픔, 분노, 불안, 외로움, 죄책감, 무감각함 등의 부정적 증상을 경험한다(육성필 외, 2019). 이런 관계상실 경험은 적절한 애도가 이루어지지 않을 경우, 우울, 불안, 복합 애도(Complicated Grief), 외상 후 스트레스 장애(PTSD) 등 다양한 부정적 영향을 미칠 수 있다(육성필 외, 2019). 특히, 자살 유가족처럼 외상적 상실을 경험한 경우는 더 많은 부정적 증상을 경험하기에 생존자(survivor)로 부르기도 한다.

엘리자베스 퀴블러 로스는 죽음 직전의 사람들 수백 명을 인터뷰한 그들의 저서에서 '만일 당신이 상실을 경험한다면, 그리고 만일 당신이 머리를 모래에 묻는 것이 아니라 그 고통을 아주 특별한 목적으로 당신에게 주려는 선물로 여긴다면 당신은 성장할 것이다.'라는 글을 남겼다(Elizabeth Kubler-Ross & David Kessler, 2005). 상실은 삶의 위기를 가져오는 외상 경험일 수 있지만, 그 긍정적 방향의 인지적 과정을 지속하면 성장의 기회가 될 수 있다. 따라서 관계상실 경험 이후에 영향을 미치는 변인들과 그 영향을 조절하는 변인들에 대한 탐색과 연구가 이루어진다면 관계상실 경험자의 사건충격이 부정적 결과로 이어지지 않고 외상 후 성장으로 이행되는 데 도움이 될 것이다(이미나, 김경숙, 박정인, 2022).

2) 상실의 영향

심리적 고통으로는 무력감, 집중의 어려움, 불안, 죄의식, 분노, 불신감, 과민함, 무감각, 위축, 기억장애 등이 있다. 신체적 증상으로는 두통과 피로, 한숨 또는 숨 가쁨, 불면, 식욕상실 또는 과식, 구강건조, 안절부절못함, 심한 발한, 변비 또는 설사, 어지럼, 성적 장애, 가슴이 답답한 흉부 긴장 등이 있다. 인지적 증상으로는 잃은 혹은 떠나간 사람에 대한 집착, 환각, 환상, 사고 혼란 등이 있으며, 행동적 증상으로는 원망, 방황, 사회적 퇴행, 의식이 없는 행동, 불안정한 행동, 고인의 유품(사별로 인한 상실의 경우)에 대한 집착 등이 있다.

우울증에 영향을 주는 심리사회적 스트레스 중 '상실'은 가장 큰 요인이다. 가족의 죽음 같은 상실의 경험은 신체나 질병으로 인한 건강의 상실, 사업 실패로 경제력 또는 성취감의 상실, 이혼과 같은 관계의 상실 등과 비교할 때 충격의 강도가 높은 것으로 알려져 있다. 특히 배우자, 부모, 자녀 등의 죽음을 경험하게 되면, 일반적으로 우울해지고 '왜 나에게 이런 일이 벌어졌는가?' 하는 생각에 분노하게 된다. 특히 생의 동고동락을 함께 한 배우자와의 사별은 큰 심리적인 충격을 주는 것으로 알려져 있는데, 이는 부부관계가 좋고, 결혼 생활이 오랜 기간 지속되었을수록 더욱 강하다. 이처럼 예기치 못한 죽음, 즉 젊거나 평소 병이 없었던 가족의 죽음은 남은 사람들에게 예상하지 못한 일에 대한 충격, 죽음에 대한 두려움, 슬픔을 더욱 많이 느끼게 한다. 가까운 지인, 가족의 죽음은 나의 노력으로 회복될 수 없고, 대체할 수도 없는 상황이다. 시간이 지나면서 상실의 경험에서 벗어나 일상생활로 복귀하는 것이 힘들어지면 우울증상으로 연결될 수 있다.

뇌영상(MRI)을 이용한 연구에서도 어머니의 죽음을 회상할 때, 뇌 전두엽(frontal lobe) 부위의 활성이 나타나는 점으로 보아, 상실의 경험은 스트레스로 작용할 수 있으며, 감정을 조절하는 과정에 영향을 미칠 수 있다고 생각된다.

스트레스만으로 우울증이 발생한다고 이야기할 수는 없는 것처럼, 가족이나 주변 사람들의 죽음이 모두 우울증을 유발한다고 말할 수는 없다. 하지만, 개인에 따라 가족의 죽음이라는 상실을 받아들이는 충격의 정도는 다양한 것이 사실이다. 일반적인 애도 단계에서는 누구나 어느 정도의 우울 증상을 느끼지만(물론 정도의 차이는 있지만), 이러한 우울 증상이 발전되어 개인의 생활 전반에 영향을 주게 된다면 우울증에 걸릴 위험이 높다. 다시 말해 '일반적인 애도 단계에서 느껴지는 우울 증상'은 '상실의 경험이 개인에게 부정적 생활 사건으로 영향을 주어, 우울증상이 발현되는 우울증'과 다르게 바라보아야 한다.

3) 상실의 단계

라이트(Wright, 1993)는 상실이 충격단계, 퇴행적 혼란단계, 회복단계, 화해단계를 거쳐 극복된다고 주장하였다. 먼저 충격단계에서는 갑작스럽게 가족을 상실하게 된 충격 때문에 사고 능력의 감퇴, 호흡곤란, 실수, 때로는 잘해주지 못한 것에 대한 죄책감을 느낀다. 충격을 받은 뒤 퇴행적 혼란단계에 이르고, 이때 심신이 지쳐 피로감과 우울증으로 모든 것에 대하여 부정적인 생각에 사로잡힌다. 한편으로는 이러한 감정에서 벗어나 편안한 느낌을 갖기 위해 충격적인 사건들을 강하게 거부하거나 때로는 부끄럽게 여겨 타인과의 관계를 단절해 버리려고 한다. 이 과정에서 내성적인 사람들은 자신의 감정을 표현하지 않으며 외향적인 사람들은 울부짖거나 통곡, 분노, 하소연 등의 행동을 보인다. 이 같은 행동들은 감정의 정화작용으로 볼 수 있으므로 그대로 수용해 주는 것이 도움이 된다.

회복단계는 상실에 대하여 현실적으로 수용하여 자신을 발견해 나가는 과정으로서 비교적 안정적인 언어로 긍정적 변화를 추구하고자 한다. 이 시기에는 누군가와 가까워지려고 하므로 주변에 긍정적으로 지지하고 이해해 주는 사람이 있는가에 따라 회복 기간이 단축될 수도 있고 연장될 수도 있다. 화해단계는 현실적 적응력이 강화되는 시기다. 자신의 소망이나 목표를 자연스럽게 표현하며 새로운 것에 대하여 반응하고 의심과 자기연민에서 벗어난다.

4. 용서

1) 용서의 이해

용서(容恕, forgiveness)란 일반적으로 피해자가 가해자에 대한 감정과 태도의 변화를 통한 의도적이며 자발적인 과정이며, 쌓여가는 공격적인 마음을 가지고 복수와 같은 부정적인 정서를 버리는 것이다. 다른 용어들과의 차이점을 살펴보면, 행위의 잘못을 보지 못하고, 용서의 필요성을 알지 못하며, 가해자가 행동에 대한 책임을 갖지 않고 변명하며, 가해자가 의식적으로 깨닫지 못하는 망각이나, 법관과 같은 사회의 대표에 의해서 인지된 가해를 허락하는 사면이나, 그리고 관계 회복이라는 화해와는 다르다. 어떤 상황 속에서 용서는 부채, 융자, 채무 혹은 다른 요구들 때문에 모든 요구에 대한 무죄임을 선언하고 포기하는 법적 용어이다.

심리학 개념이나 덕으로 용서의 이점은 종교 사상, 사회과학, 의학에서 탐구되어 왔다. 용서는 용서하는 사람을 위하여 쓰이는 용어이다. 가해자 편의 책임과 관계없이 또 어떤 회생적 정의(restorative justice)를 기대하지 않는 것이다.

위스콘신 대학교의 로버트 엔라이트(Robert Enright) 박사는 국제 용서 연구소(International Forgiveness Institute)를 창립하고, 용서연구의 주도적인 역할을 하고 있다. 최근 연구는 어떤 종류의 사람들이 더욱더 용서를 잘하는가에 초점이 맞추어져 있다. 오랜 연구는 일반적으로 신경질적이며 노여움이 많은 사람은 오랜 기간이 지난 후에도 다른 사람들보다도 용서하기가 힘들다고 한다. 특히 이러한 사람들은 그들에게 피해를 준 사람을 피하기를 원하고 2년 반 후에는 복수를 원하기도 한다고 한다.

연구결과는 용서하는 사람들이 분노를 가지고 있는 사람들보다 더 행복하고 건강하게 산다고 한다. 사람들이 용서할 때 심장혈관 및 신경계의 기능을 증진

한다고 한다. 또 위스콘신 대학교의 연구에서는 용서하는 사람들이 질병에도 적게 고통을 겪는다고 한다. 용서가 적은 사람일수록 건강에 많은 문제를 가지고 있다고 한다.

스탠퍼드대학교의 프레드 러스킨(Fred Luskin) 박사는 『용서 배우기(Learning to forgive)』라는 저서를 통하여 용서는 용서의 효과를 통하여 학습된다고 하였다(장현숙, 2014; Fred, 2002). 그는 삶의 기술(a life skill)로서 용서를 가르치기 위하여 매년 8월 첫 번째 주말을 '용서의 날 세계용서연맹(the Worldwide Forgiveness Alliance on Forgiveness Day)'로 정하였다. 그는 북아일랜드 분쟁으로 살해된 북아일랜드의 가톨릭과 개신교들의 가족들을 연구하였는데, 분노를 덜 하고 상처를 잘 감당하며, 그리고 더 낙관적인 사람들이 여러 상황 속에서 용서를 더 잘하며, 더 동정적이며 자긍심이 많다고 한다. 그의 연구는 스트레스를 감소시키며 활력을 증가시키는 연구를 보여준다.

그대에게 잘못을 저지른 사람이 있거든, 그가 누구이든 그것을 잊어버리고 용서하라. 그때 그대는 용서한다는 행복을 알 것이다. 우리에게는 남을 책망할 수 있는 권리가 없다.
- 톨스토이(Lev Nikolayevich Tolstoy, 1828~1910) -

수많은 사람과 관계를 맺으며 인생을 살아가는 동안 우리는 상처를 주기도 하고, 상처를 입기도 한다. 대개 자신이 타인들에게 준 상처는 기억하지 못해도 남들이 나에게 입힌 상처는 오래간다. 상처의 깊이가 클 경우에는 원한이나 미움, 증오, 복수심 등과 같은 이름으로 상흔이 남아 평생을 따라다니며 괴롭히기도 한다.

사전적 정의에 따르면 '용서'는 '지은 죄나 잘못을 벌하거나 꾸짖지 않고 덮어주는 것'이다. 하지만 용서는 생각만큼 쉬운 일이 아니다. 오랜 시간 동안 종교에서 용서를 강조해 왔음에도 불구하고 삶의 한 태도로 좀처럼 스며들기가 어려운 것이 사실이다. 용서는, 심지어 내가 용서했다고 생각하는 동안에도 쉽게 이루어지지 않는다. 말로는 다 용서했다고 해놓고도 문득 상처를 준 사람을 미워하고 있을 때, 상처받은 기억 때문에 아파하고 분노할 때, 우리는 용서라는 감정이 얼마나 어려운 것인지를 깨닫게 된다.

누군가는 용서에 대해 '인간이 할 수 있는 가장 위대한 일'이라고 말하기도 한다. 타인이 나에게 한 잘못을 용서한다는 것은 쉽지 않은 일이다. 그렇기 때문에 그만큼 숭고한 일이기도 하다. 그런데도 우리가 용서를 배우고 실천해야 하는 것은 바로 나를 위해, 혹은 모두를 위해 용서가 큰 힘을 발휘하기 때문이다. 분노, 원한, 증오 등과 같은 것들보다 용서로 이룰 수 있는 일이 훨씬 더 크고 위대하다. 은 식기를 가져간 장발장에 대한 신부의 용서는 그 어떤 단죄보다 크고 위대한 결과를 가져왔음을 기억해 보자.

"원한을 품는 것은 다른 사람에게 던지려고 뜨거운 석탄을 손에 쥐고 있는 것과 마찬가지이다. 화상을 입는 것은 결국 자기 자신이다"라고 부처는 말했다. 부정적 감정을 품고 있으면 결국 다치고 피해를 보는 쪽은 자신이다. 용서는 잘못한 상대방을 위해서가 아니라 바로 나 자신을 위해, 지극히 개인적인 관점에서라도 배우고 실천해야 한다. 왜냐하면, 남을 용서하는 과정을 통해 심리적으로 자신이 먼저 치유되기 때문이다. 내 마음에서 용서받아야 할 사람, 용서받아야 할 과오를 놓아줌으로써 나 자신을 자유롭게 해방할 수 있다.

용서는 잘못을 잊어버리는 망각이 아니며, 타인에게 베푸는 자선도 아니다. 타인의 잘못으로부터 내가 자유로워지고자 하는 정신적 날갯짓이다. 집착에서 벗어나서 자유로워지고 스스로가 정신적으로 더욱 발전할 수 있는 것, 그것이 선지자들이 말하는 '용서가 주는 구원'임을 기억하자.

2) 용서의 의미

(1) 용서는 상대를 위한 것이 아니라 나를 위한 것

심리학박사 프레드 러스킨(Fred Luskin)은 "용서란 평온한 감정이다. 그런 감정은 자신의 상처를 덜 개인적인 것으로 받아들이며, 자신의 감정에 책임을 지고 그 사건에서 피해자가 아닌 승리자가 되었을 때 생겨난다"고 했다. 마음속에 나에게 상처 입힌 사람에 대한 원망과 미움으로 가득 차 있다면, 즐거움과 행복을 느낄 여유가 없기 때문에 더 나은 인생을 살 수 없다. 미래를 위해 한 발짝 나아가려면 진정한 용서를 통해 '평화로움'을 느껴야 가능하다. 상대방을 향한 미움에서 자신을 놓아주어야 내가 가지고 있는 정신적 고통에서 벗어날 수 있다. 용서는 남을 위해 베푸는 이타적인 마음인 동시에 자신에게 베푸는 사랑이라는 것을 명심하자.

(2) 용서해야 과거에서 벗어날 수 있다

누구도 자신에게 상처 입히는 일이 일어나길 바라지는 않는다. 원치 않았던 과거의 일에 집착하면 현재에 집중할 수 없게 된다. 누군가를 미워하는데 감정을 다 쏟아부으면 마음에 여유가 사라지게 된다. 용서는 과거에 갇힌 나를 꺼내 앞으로 나아가게 만든다.

(3) 용서하지 않으면 나도 용서받을 수 없다

인생을 살면서 한 번쯤 타인에게 상처를 준 경험이 있을 것이다. 이때 나는 어떤 생각이었는지를 기억하자. 상대가 악의를 가지고 했던 행동이었을 수도 있고, 피치 못하게 저지른 실수일 수도 있다. 혹은 좋든 나쁘든 지난날 나와 같은 마음일 수도 있다. 마음을 넓게 가지고 상대방을 이해해 보려고 노력해 보자. 이때 내가 앞으로 받게 될 수많은 용서에 대해 생각하면 용서하기가 좀 더 수월할 것이다. 무릇 용서란, 우리가 받은 것을 되돌려 주는 것이고, 갚아야 할 것으로 생각하면 남을 더 쉽게 용서할 수 있을 것이다.

(4) 잊어버리는 것은 용서가 아니다

'잊어버리는 것'과 '용서'는 다른 개념이다. 어떤 사람은 '용서'와 '잊어버리는 것'을 혼동하곤 한다. 이는 망각일 뿐 마음 한쪽에는 아직도 원망이 그대로 남아 있다. 단지 기억하지 않음으로써 증오의 감정을 잠시 꺼둔 것뿐이다. 망각은 고통을 피하고자 상처받은 감정을 묻어버린 것이기 때문에 마음속에 분노와 미움을 모두 털어버리는 참된 용서를 행한 것이 아니다. 이렇게 파묻힌 감정은 기억이 되살아나거나 시간이 지나면 부정적으로 표출되기 쉽다. 예전과 같은 일이 반복되지 않으려면 오히려 그것을 기억함으로써 과오를 범하지 말아야 한다.

(5) 용서로 무엇을 바꾸려 하지 마라

영화 '오늘'에서 주인공은 자신의 약혼자를 죽인 소년이 또다시 범죄를 저질렀음을 알고 자신의 선택을 후회하며 분노한다. 엄청난 노력으로 용서를 실천할 때, 우리는 때로는 자신의 용서가 상황을 개선하거나 혹은 상대를 개심(改心)하게 만들기를 기대한다. 그러다가 원하는 대로의 결과가 나오지 않으면 자신의 결정을 후회하며 괴로움 속에 번민한다. 그러나 용서는 타인에게 지우는 빚도 아니며 멍에도 아니다. 그러니 돌려받아야 할 것이 없다. 용서는 내게 잘못을 저지른 타인을 선한 마음으로 이해하고 잘못을 덮어주는 행위다. 그로 인해 변하는 것은 자기 자신이지 타인이 아니다.

5. 맺음말

몇 년 전부터 우리 사회 전반을 강타했던 '잘 먹고 잘살자'라는 웰빙(Well-being) 열풍에 이어 2009년 존엄사 논쟁이 웰다잉(Well-dying)으로 연결되었다(정운경, 2015). 즉, 웰다잉은 인간으로서 존엄과 가치에 합당한 서비스를 받으며 생의 마지막 순간들을 의미 있게 맞을 수 있는 품위 있는 죽음에 대한 사회적 요구로 대두되었다고 할 수 있다(박동섭, 2013; 윤영호, 2008). 웰빙이 '인간이 인간답게 사는 삶'이라면 웰다잉은 인간으로서의 품위가 있는 죽음을 전제로 삶의 내면을 풍요롭게 가꿔 삶의 가치를 높이는 것으로 '인간이 인간답게 죽는 것'을 의미한다(김미희, 2013).

웰다잉은 노인인구의 증가로 유행하게 된 말로 삶에 대한 관심이 죽음에 대한 관심으로 이어진 것이다(정다원, 2021). 또한 생명 연장에 대한 여러 문제를 최소화하고 좋은 죽음을 맞을 수 있도록 웰다잉에 대한 사회적 관심이 고조되고 있는 가운데 2015년 12월 국회에서 '웰다잉 법'이 첫 관문을 통과하였다(변비조, 2016). 그리고 2016년 2월 호스피스 완화 의료 및 임종과정에 있는 환자의 연명의료결정에 관한 법률을 제정하게 되었다(정순태, 2016). 이러한 사회·문화적 현상과 더불어 죽음에 대해 긍정적으로 생각하고 수용할 수 있도록 웰다잉 인식을 향상할 필요가 있다(정다원, 2021).

미조르티머와 와인필드(Mortimer & Winefield, 2008)는 여성노인을 대상으로 한 노화에 관한 연구에서 성공적인 노화를 위해서는 편안한 죽음이 되어야 한다고 하였다. 편안한 죽음이 되기 위해서는 막연한 불안에서 벗어날 수 있도록 지지할 필요가 있다. 편안한 죽음을 맞이하기 위한 올바른 죽음준비가 필요하며, 이를 위한 교육이 웰다잉 교육이다.

웰다잉 교육은 삶을 위한 교육이며 교육의 목적은 죽음의 개념을 내면화하는 완전한 삶을 영위할 수 있도록 하는 것이다(박언하, 최종욱, 2010). 웰다잉 교육 참여자들은 정서적 안정과 통합감으로 삶의 질이 높아지고 죽음에 대한 불안은 낮아지는 반응을 보였고(정운경, 2015), 웰다잉 교육은 죽음과 관련한 다양한 지식을 유용하게 하며 죽음에 대한 가치와 태도가 인간행동에 어떻게 영향을 미치는지에 대해 생각할 기회를 제공한다(임송자, 2012). 프랭클(Frankl, 1969)은 인간이 삶을 바라보는 부정적 정서인 삶의 의미 상실, 삶에 대한 회의, 불안 등은 고통을 주므로 노년기에 삶의 의미를 찾고 죽음의 고통을 벗어날 수 있도록 돕는 웰다잉 교육이 중요하다고 하였다(길태영, 2016; 김충선, 1995). 이에 웰다잉 교육으로 노인이 긍정적 죽음을 수용함으로써 일상에서 삶을 사랑하는 법을 배울 필요가 있을 것이다.

웰다잉과 관련된 선행연구에서 박주영(2019)은 노인을 대상으로 죽음준비가 삶의 질에 영향을 미친다고 하였고, 송세현(2010)의 연구에서 죽음준비는 평소 삶 속에서 항상 필요하다고 인식하였으며, 웰다잉 인식은 기계적인 도움 없이 평화롭게 죽는 것이라고 하였다. 손정화(2020)는 노인의 웰다잉 인식이 삶의 질에도 긍정적으로 작용한다고 하였고, 정운경(2015)은 웰다잉 교육이 노인의 삶의 질 향상에 도움이 된다고 하였다. 노인이 되어 죽음에 대한 불안과 죽음준비가 되지 않은 상태에서 갑작스럽게 맞이하는 죽음으로부터 해방되고 당당하게 죽음을 수용할 수 있도록 죽음준비를 통해 웰다잉 인식을 전환할 필요가 있다(정다원, 2021).

지금까지 고찰된 선행연구(문영화, 2018; 변미경, 현혜진, 박선정, 최은영, 2017)들은 죽음에 대해 바르게 이해하도록 충분한 사례를 탐색하고 간접체험을 하도록 권유하고 있다. 또한, 웰다잉 교육은 죽음, 죽음의 과정, 사별과 관련된 모든 측면의 교육을 포함하는 것으로 죽음과 관련된 주제에 대한 지식, 태도, 기술을 학습하는 과정이라 하였다(조성희, 정영순, 2015). 이에 바람직한 죽음준비와 죽음을 긍정적으로 인식하도록 하는 웰다잉 인식을 확산할 필요가 있다. 이것이 누구나 겪어야 하는 죽음의 불안으로부터 해방되어 심리적 안정과 더불어 행복한 삶을 누리게 할 수 있다고 본다(정다원, 2021). 그러므로 죽음을 미루는 데 매달릴 것이 아니라 웰에이징을 통해 '남은 삶'을 어떻게 살 것인가에 초점을 맞춰야 한다(이혜경, 2017). 어제의 삶이 오늘의 삶이 되고 오늘의 삶이 내일의 죽음과 이어지기 때문이다.

Chapter >> 10

노인교육을 위한 프로그램 사례

1. 독거노인의 자서전 쓰기 프로그램
2. 사회적 지지 형성 프로그램

1. 독거노인의 자서전 쓰기 프로그램

1) 사업신청서

기관명	○○종합사회복지관			고유번호 (사업자등록번호)		
사업명	배우자 사별 경험이 있는 독거노인의 자서전 쓰기를 통한 우울감 감소 및 삶의 질 향상 프로젝트 "찬란한 내 인생"					
사업 기본 정보	연차	✓ ①1년차 ___②2년차 ___③3년차 ___④기타(　　)				
	대상 지역			사업수행 인력	1 명	
	사업 기간					
사업 참여자	참여자 구분	___①아동/청소년 ✓ ②노인 ___③장애인 ___④여성/다문화 ___⑤위기가정 ___⑥지역사회 ___⑦북한/해외/기타				
	핵심 참여자	배우자 사별 경험을 가진 독거노인		인원수	8 명	
사업구분		모금회 지속가능발전목표(C-SDGs)				
□	기초생계 지원	▫ 경제적 빈곤 퇴치 ▫ 영양 및 급식지원/기아종식				
□	교육/자립 지원	▫ 교육 및 자립역량 강화 ▫ 양질의 일자리 만들기 ▫ 적정기술과 정보기술격차 해소 지원				
□	주거/환경 개선	▫ 모두를 위한 깨끗한 에너지 ▫ 지속가능한 지역사회 인프라 구축 ▫ 지속 가능한 생산과 소비 ▫ 기후변화와 대응 ▫ 해양생태계 보존 ▫ 육상생태계 보호				
□	보건/의료 지원	▫ 신체 · 정서적 건강과 회복 ▫ 깨끗한 물과 위생				
□	심리/정서 지원	■ 신체 · 정서적 건강과 회복				
□	사회적 돌봄 강화	▫ 사회적 배제 감소와 불평등 완화				
□	소통과 참여 확대	▫ 성평등 ▫ 지속가능한 지역사회 인프라 구축 ▫ 사회적 약자의 권리증진				
□	문화 격차 해소	▫ 사회적 배제 감소와 불평등 완화				
성과 목표	자서전 쓰기를 통해 사별로 인한 불안감과 우울감을 감소시키고, 참여노인 간 공감대 형성을 통해 사회적지지체계를 구축하여 궁극적으로 삶의 질을 높이고자 한다.					
주요 사업 내용	세부 사업명	주요 내용				
	자서전 쓰기 "찬란한 내 인생"	사업설명회, 자서전쓰기 교육, 웰다잉 교육, 출판기념회 등의 사업을 진행하여 사별로 인해 생긴 죽음에 대한 불안감과 우울감을 감소시킨다.				
	참여자 자조모임 "라일락"	같은 경험을 가진 참여자 간 자조모임을 통해 공감대를 형성하고 사회적지지체계를 구축한다.				
	추억 나들이	과거를 추억할 수 있는 주제로 나들이를 진행하여 과거를 성찰해보고 미래를 준비할 수 있는 시간을 가진다.				
사업비	총 사업비	5,000,000원		신청금액	5,000,000원	
신청 금액 세부 내역	사업비	5,000,000원	인건비	0원	관리 운영비	0원
		100.0%		0%		0%
담당자	성명	○○○	직통전화		E-mail	
	직위	○○○○○	휴대폰		FAX	

위와 같이 　　년도 사업을 신청합니다.

년 　　월 　　일

기관 대표자 : ○ ○ ○ (인)

○○○○장 귀하

2) 사업계획서

● 사업명

COVID-19 이후 배우자 사별 경험이 있는 독거노인의 자서전 쓰기를 통한 우울감 감소 및 삶의 질 향상 프로젝트 “찬란한 내 인생”

● 사업 필요성

- 2019년도 가을 발생 이후 급속도로 확산한 COVID-19는 전 인류의 생존에 대한 위기, 경제 · 사회 · 문화적 위기이자 변화를 가져왔다. 사회적 취약계층에게 사회적 위험이 더 큰 것으로 나타났고, 현재도 그 위험은 계속되어 극복을 위한 국가적, 사회적 노력이 매우 필요한 상태이다.
- 특히 노인의 경우 노인 단독가구가 급증한 가족 구조 속에서 COVID-19 발생 이후 노인의 사망률이 매우 높고, 가족들과 함께할 수도 없게 된 상황 등 여러 어려움이 발생하여 이에 대한 대책마련이 시급하다.
- 우리 ○○시 노인인구 37,463명[1] 중 독거노인의 수는 8,606명[2]으로 전체 노인의 23%를 차지하고 있고, 이중 6,766명[3]가량(○○○읍 및 면지역 4,885명, 동지역 1,881명)의 노인은 배우자 사별의 경험을 가지고 있다.
- 사별을 경험한 사람은 죽음에 직접적으로 대면하였기 때문에 죽음에 대한 불안감이 심해지고, 노인의 경우 신체기능이 저하되는 시기이기 때문에 신체적으로도 불안정한 상태가 된다고 보고 되는데. 특히 사별로 인해 홀로 살게 된 노인의 경우 죽음에 대한 불안감, 신체기능의 저하, 외로움 등으로 인해 심한 무망감과 우울감을 호소하고 있다.
- 한편, 우리 지역은 2012년 ○○시로 출범한 지 10년이 지났음에도 여전히 신도심과 구도심 간의 격차가 크게 나타나고 있다. 신도심의 경우 동마다 복

1) ○○시 통계연보(2021년 12월 말 기준)
2) ○○시청 자치분권국(2021년 12월 말 기준)
3) 통계청 인구총조사(2020)를 바탕으로 담당자가 추정한 수치

합커뮤니티센터를 설치하여 노인의 심리·정서적 안정을 위한 다양한 프로그램들을 진행하고 있지만 신도심에 비해 사별 경험을 가진 독거노인이 2배 이상 많은 구도심(○○○읍)과 면 단위 지역에는 노인의 심리·정서적 안정을 위한 프로그램이 거의 없다.

- 또한 복지관 이용자를 대상으로 진행한 「2021 지역주민 복지욕구 및 복지관 이용 만족도 조사」결과 코로나 19로 인해 외부 활동이 제한되고 집에 있는 시간이 길어짐에 따라 노인들의 우울감이 증가하면서, 지역주민이 꼽은 노인을 위해 가장 필요한 프로그램 1순위로 정서적, 심리적 안정을 위한 상담 및 집단 프로그램이 선정되었다.
- 그러나 기관 여건상 조금 더 시급성이 높은 저소득 주민을 위한 프로그램(재가노인 및 아동 도시락 지원, 경제적 지원 등)을 중심으로 예산을 투입하고 있어, 심리적·정서적 안정을 위한 집단 프로그램에 대한 노인의 욕구가 높음에도 불구하고 진행하지 못하고 있다.
- 이에 노인과 관련된 다양한 프로그램을 수행해 온 앞선 경험과 2022년 복지현안문제 우선지원사업을 통해 자서전 쓰기, 자조모임, 웰다잉 교육 등의 프로그램을 진행하여 사별 경험을 가진 독거노인들의 우울감을 감소시키고, 죽음에 대한 부정적인 인식을 개선하여 남은 삶을 아름답게 마무리할 수 있도록 돕고자 한다.

● 사업 내용 및 추진방법

1) 사업 참여자 및 인원

(1) 참여 대상 및 인원

- 핵심 참여자: ○○시 ○○읍 및 면 지역에 거주하는 65세 이상 노인 중 COVID-19 이후 배우자 사별경험을 가진 독거노인 8명
- 주변 참여자: 자원봉사자 8명

(2) 참여자 선정 기준

- 1순위: ○○○읍 및 면 지역에 거주하는 65세 이상 노인 중 COVID-19 이후 사별경험을 가진 독거노인
- 2순위: ○○시에 거주하는 65세 이상 노인 중 COVID-19 이후 사별경험을 가진 독거노인
- 3순위: ○○시에 거주하는 65세 이상 노인 중 배우자 사별경험을 가진 독거노인

2) 사업내용 및 방법

(1) 사업내용

<table>
<tr><th colspan="2">세부 사업명</th><th>활동 내용(수행방법)</th><th>산출 목표</th></tr>
<tr><td rowspan="2">자서전 쓰기 프로그램 “찬란한 내 인생”</td><td>사업 설명회</td><td>ㅁ 참여 노인을 대상으로 사업설명회 1회 진행
– 사업 진행목적 및 진행과정 안내
– 관장님 말씀
– 사전설문지 작성</td><td>사업설명회 1회 진행
–8명×1회=8명</td></tr>
<tr><td>〈사전 교육〉 웰다잉 교육</td><td>ㅁ 참여 노인을 대상으로 주 1회, 총 5회기 웰다잉 교육 진행
– 나를 알아가며 죽음을 준비할 수 있는 다양한 주제를 회기별로 진행하여 나만의 엔딩노트(Ending note) 제작
<table><tr><th>회기</th><th>내용</th></tr><tr><td>1</td><td>나의 기본사항(인적사항 및 건강상태) 정리하기
내가 좋아하는 활동 알기(직업, 전문영역, 취미)</td></tr><tr><td>2</td><td>나는 하루, 한 주, 한 달, 1년을 어떻게 보내나요?
– 나의 삶의 계획 새로 짜보기</td></tr><tr><td>3</td><td>죽기 전에 꼭 하고 싶은 것들, 남기고 싶은 말
– 버킷리스트 작성하기</td></tr><tr><td>4</td><td>나의 재산 목록과 유산정리, 유언장 작성 방법알기</td></tr><tr><td>5</td><td>임종과 호스피스, 완화의료란 무엇인가?
– 사전연명의료 의향서 작성하기</td></tr></table>– 웰다잉(Well-dying) 전문강사 연계하여 진행
– 자서전 쓰기 프로그램 사전교육으로 과거를 회상해보고 미래(죽음)를 준비하며 자아 성찰의 기회 제공
※ 프로그램 세부 내용은 유동적으로 변경하여 진행할 수 있음.</td><td>〈사전교육〉
웰다잉 교육 5회 진행
–8명×5회=40명</td></tr>
</table>

	자서전 쓰기 교육	ㅁ 참여 노인을 대상으로 주 2회, 총 15회기 진행 – 회기별 주제를 정하여 글쓰기 진행(나의 탄생, 나의 부모님, 나의 자녀, 나의 10대~70대, 나의 배우자 등) – 지역 내 출판사와 계약하여 에세이 형식의 자서전 출간 – 자원봉사자 활용(자서전 텍스트 파일 제작)	자서전 쓰기 교육 15회 진행 –8명×15회=120명
	출판 기념회 및 사업 종결식	ㅁ 참여 노인을 대상으로 출판기념회 및 사업종결식 1회 진행 – 자서전 출간 후 참여 노인의 가족, 지인 등을 초청하여 출판기념회 및 사업종결식 진행 – 참여 노인 중 자서전 낭독을 원하는 노인 2~3명을 선정하여 낭독 진행 – 진행과정을 담은 영상을 제작하여 감상 – 프로그램 성과 안내(PPT) – 관장님 말씀, 기념사진 촬영 등 진행	출판기념회 및 사업종결식 1회 진행 –15명×1회=15명
참여자 자조모임 "라일락"		ㅁ 참여 노인을 대상으로 월 2회, 6회기 진행 – 프로그램에 대한 감상 나누기 – 자신의 사별 경험 및 일상생활 공유를 통한 참여자 간 공감대 형성 – 정기적인 만남을 통한 친밀감 및 사회적지지감 형성	참여자 자조모임 "라일락" 6회 진행 –8명×6명=48명
추억 나들이		ㅁ 참여 노인을 대상으로 1회 진행 – 과거를 회상할 수 있는 여행지를 선정하여 "되새김"을 주제로 나들이 활동 진행	추억 나들이 1회 진행 –8명×1회=8명

(2) 추진일정

활동 \ 기간		7월	8월	9월	10월	11월	12월	1월
사업계획서 작성		▶	▶					
참여자 모집				▶				
자서전 쓰기 프로그램 "찬란한 내 인생"	사업설명회				▶			
	웰다잉 교육				▶			
	자서전 쓰기 교육				▶	▶	▶	
	출판기념회 및 사업종결식						▶	
참여자 자조모임 "라일락"					▶	▶	▶	
추억 나들이						▶		
결과보고서 제출								▶

● 예산편성

(단위 : 원)

<table>
<tr><th rowspan="2">목</th><th rowspan="2" colspan="2">세목</th><th rowspan="2">계</th><th rowspan="2">산출근거</th><th colspan="5">예산조달 계획</th></tr>
<tr><th>신청
금액</th><th>비
율
(%)</th><th>자
부
담</th><th>비
율
(%)</th><th>자부
담
재원</th></tr>
<tr><td colspan="3">총 계</td><td>5,000,000</td><td></td><td>5,000,000</td><td>100.0</td><td>–</td><td>–</td><td>–</td></tr>
<tr><td rowspan="6">사
업
비</td><td rowspan="3">자서전
쓰기
프로
그램
“찬란
한
내
인생”</td><td>웰다잉
교육</td><td>526,000</td><td>강사비 70,000원×90분×5회기=350,000원
다과비 5,000원×8명×2회기=80,000원
재료비(교재 및 기타재료 구입)
– 12,000원×8명=96,000원</td><td>526,000</td><td>10.5</td><td>–</td><td>–</td><td>–</td></tr>
<tr><td>자서전
쓰기
교육</td><td>1,784,000</td><td>강사비
– 50,000원×2시간×15회기=1,500,000원
다과비 5,000원×8명×5회기=200,000원
재료비(필기도구 등)
– 10,500원×8명=84,000원</td><td>1,784,000</td><td>35.7</td><td>–</td><td>–</td><td>–</td></tr>
<tr><td>출판기념
회 및
사업
종결식</td><td>2,000,000</td><td>출판비 2,000,000원×1회=2,000,000원</td><td>2,000,000</td><td>40.0</td><td>–</td><td>–</td><td>–</td></tr>
<tr><td colspan="2">참여자 자조모임
“라일락”</td><td>240,000</td><td>식비 15,000원×8명×2회기=240,000원</td><td>240,000</td><td>4.8</td><td>–</td><td>–</td><td>–</td></tr>
<tr><td colspan="2">추억 나들이</td><td>450,000</td><td>식비 15,000원×10명×1회=150,000원
진행비 30,000원×10명×1회=300,000원</td><td>450,000</td><td>9.0</td><td>–</td><td>–</td><td>–</td></tr>
<tr><td colspan="2">소계</td><td>5,000,000</td><td></td><td>5,000,000</td><td>100.0</td><td>–</td><td>–</td><td>–</td></tr>
</table>

3) 결과보고서

<table>
<tr><td>기관명</td><td colspan="3">○○종합사회복지관</td><td>대표자</td><td colspan="3">○○○</td></tr>
<tr><td rowspan="2">주소</td><td colspan="3" rowspan="2"></td><td>전화번호</td><td colspan="3"></td></tr>
<tr><td>FAX</td><td colspan="3"></td></tr>
<tr><td>사업명</td><td colspan="7">배우자 사별 경험이 있는 독거노인의 자서전 쓰기를 통한 우울감 감소 및 삶의 질 향상 프로젝트
"찬란한 내 인생"</td></tr>
<tr><td>총 지원액</td><td>5,000,000원</td><td>현재까지
지원액
(이자수입 포함)</td><td>5,002,464원
(2,464원)</td><td>집행금액</td><td>5,000,000원</td><td>집행률</td><td>99.9%</td></tr>
<tr><td>총 사업기간</td><td colspan="3">2022년 9월 1일~2022년 12월 31일(4개월)</td><td>사업보고 기간</td><td colspan="3">2022년 9월 1일~
2022년 12월 31일(4개월)</td></tr>
<tr><td rowspan="2">작성자
(담당자)</td><td colspan="3" rowspan="2">○ ○ ○</td><td rowspan="2">작성자
연락처</td><td>E-mail</td><td colspan="2"></td></tr>
<tr><td>전화번호</td><td colspan="2"></td></tr>
</table>

● 사업 추진내용

1) 사업 참여자

<table>
<tr><td>구분</td><td>계획</td><td>결과</td><td>달성률
(%)</td></tr>
<tr><td>참여자</td><td>- 핵심 참여자: ○○시 ○○○읍 및 면지역에 거주하는 65세 이상 노인 중 COVID-19 이후 배우자 사별경험을 가진 독거노인 8명
- 주변 참여자: 자원봉사자 8명</td><td>- 핵심 참여자: ○○시에 거주하는 60세 이상 노인 중 배우자 사별경험을 가진 독거노인 9명
*○○000A-○○○(0000. 00. 00)와 관련하여 내부적으로 참여자 연령기준을 변경하여 진행했음.</td><td>112.5</td></tr>
<tr><td rowspan="3">선정 기준</td><td rowspan="3">- 1순위: ○○○및 면 지역에 거주하는 65세 이상 노인 중 COVID-19 이후 사별경험을 가진 독거노인
- 2순위: ○○시에 거주하는 65세 이상 노인 중 COVID-19 이후 사별경험을 가진 독거노인
- 3순위: ○○시에 거주하는 65세 이상 노인 중 배우자 사별경험을 가진 독거노인</td><td>- ○○○읍 및 면 지역에 거주하는 60세 이상 노인 중 COVID-19 이후 사별 경험을 가진 독거노인 2명</td><td rowspan="3">-</td></tr>
<tr><td>- ○○시에 거주하는 60세 이상 노인 중 COVID-19 이후 사별경험을 가진 독거노인 1명</td></tr>
<tr><td>- ○○시에 거주하는 60세 이상 노인 중 배우자 사별경험을 가진 독거노인 6명</td></tr>
</table>

2) 세부 사업별 추진 내용

(1) 계획대비 추진결과

세부 사업명		계획	결과
자서전 쓰기 프로그램 "찬란한 내 인생"	사업 설명회	■ 시행시기/횟수: 10월/1회 ■ 대상/참여인원: 프로그램참여자/8명(8명) ■ 장소: 2층 세미나실 ■ 방법 – 참여노인을 대상으로 1회 진행 – 사업 진행목적 및 진행과정 안내 – 관장님 말씀 – 사전설문지 작성	■ 시행시기/횟수: 11월/1회 ■ 대상/참여인원: 프로그램참여자/5명(5명) ■ 장소: 2층 세미나실 ■ 방법 – 참여노인을 대상으로 1회 진행 – 사업 진행목적, 진행과정, 담당자 및 강사 안내 – 사전설문지 작성
	사전 교육 웰다잉 교육	■ 시행시기/횟수: 10월/5회 ■ 대상/참여인원: 프로그램참여자/8명(40명) ■ 장소: 2층 세미나실 ■ 방법 – 참여노인을 대상으로 사전교육 웰다잉교육 5회기 진행 – 과거를 회상해보고 미래(죽음)를 준비하며 자아성찰의 기회 제공 – 엔딩노트 작성	■ 시행시기/횟수: 11월/5회 ■ 대상/참여인원: 프로그램참여자/9명(30명) ■ 장소: 2층 세미나실, 3층 봄드림도서관 ■ 방법 – 참여노인을 대상으로 사전교육 웰다잉교육 5회기 진행 – 과거를 회상해보고 미래(죽음)를 준비하며 자아성찰의 기회 제공 – 엔딩노트 작성
	자서전 쓰기 교육	■ 시행시기/횟수: 10월~12월/15회 ■ 대상/참여인원: 프로그램참여자/8명(120명) ■ 장소: 2층 세미나실 ■ 방법 – 참여노인을 대상으로 총 15회기 진행 – 회기별 주제를 정하여 글쓰기 진행 – 지역 내 출판사와 계약하여 에세이 형식의 자서전 출간 – 자원봉사자 활용(텍스트 파일 제작)	■ 시행시기/횟수: 12월/15회 ■ 대상/참여인원: 프로그램참여자/9명(95명) ■ 장소: 2층 세미나실, 3층 봄드림도서관 ■ 방법 – 참여노인을 대상으로 총 15회기 진행 – 참여자 대부분이 고령으로 글쓰기가 어려워 회기별 주제를 가지고 글쓰는 방식에서 인터뷰 질문지를 활용하여 회기마다 참여자 인생 인터뷰 진행 – 인터뷰를 녹음하여 텍스트 파일로 제작 – 에세이 형식의 자서전 출간(최종 7명)
	출판 기념회	■ 시행시기/횟수: 12월/1회	■ 시행시기/횟수: 2023년 1월/1회

세부 사업명	계획	결과
및 사업 종결식	■ 대상/참여인원: 프로그램참여자 및 지인/15명(15명)	■ 대상/참여인원: 프로그램참여자 및 지인/15명(15명)
	■ 장소: 2층 세미나실	■ 장소: 2층 세미나실
	■ 방법 – 참여노인을 대상으로 출판기념회 및 사업종결식 1회 진행 – 자서전 낭독(2~3명) – 진행과정을 담은 영상 제작 및 감상 – 프로그램 성과 안내(PPT) – 관장님 말씀, 기념사진 촬영	■ 방법 – 참여노인을 대상으로 출판기념회 및 사업종결식 1회 진행 – 진행과정을 담은 영상 제작 및 감상 – 프로그램 성과 안내(PPT), 소감 발표(2명) – 관장님 말씀, 기념사진 촬영 – 자서전 출판비는 2022년 12월에 지출 완료했으나 원고 교정 및 양질의 자서전 출판물을 위해 출판기념회 및 사업종결식을 1월에 진행함
참여자 자조모임 "라일락"	■ 시행시기/횟수: 10월~12월/6회	■ 시행시기/횟수: 11월~12월/3회
	■ 대상/참여인원: 프로그램참여자/8명(48명)	■ 대상/참여인원: 프로그램 참여자 및 강사/11명(27명)
	■ 장소: 2층 세미나실	■ 장소: 2층 세미나실, 복지관 인근 식당
	■ 방법 – 프로그램에 대한 감상 나누기 – 사별경험 및 일상생활 공유를 통한 참여자 간 공감대 형성 – 정기적인 만남을 통한 친밀감 및 사회적 지지감 형성	■ 방법 – 프로그램에 대한 감상 나누기 – 함께 식사하며 일상생활을 공유하고 참여자 간 친밀감 및 공감대 형성 – 정기적인 만남을 통한 친밀감 및 사회적 지지감 형성
추억 나들이	■ 시행시기/횟수: 11월/1회	■ 시행시기/횟수: 11월/1회
	■ 대상/참여인원: 프로그램참여자/8명(8명)	■ 대상/참여인원: 프로그램참여자/8명(8명)
	■ 장소: 미정	■ 장소: 공주한옥마을
	■ 방법 – 참여 노인을 대상으로 1회 진행 – 과거를 회상할 수 있는 여행지를 선정하여 "되새김"을 주제로 나들이 활동 진행	■ 방법 – 참여 노인을 대상으로 1회 진행 – 공주한옥마을에 방문하여 둘러보고 과거를 회상해보는 시간을 가짐 – 한옥마을에 있는 도자기 공방에서 도자기를 함께 만들며 즐거운 시간을 가짐

(2) 일정별 수행현황

세부 사업명 \ 기간		구분	22년 8월	9월	10월	11월	12월	23년 1월
자서전 쓰기 프로그램 "찬란한 내 인생"	사업설명회	계획			○			
		결과				●		
	〈사전교육〉 웰다잉 교육	계획			○			
		결과				●		
	자서전 쓰기 교육	계획			○	○	○	
		결과					●	
	출판기념회 및 사업 종결식	계획					○	
		결과						●
참여자 자조모임 "라일락"		계획			○	○	○	
		결과				●	●	
추억 나들이		계획				○		
		결과				●		

3) 산출목표

세부 사업명		산출목표	결과	달성률
자서전 쓰기 프로그램 찬란한 내 인생	사업설명회	사업설명회 1회 진행 -8명×1회=8명	사업설명회 1회 진행 -5명×1회=5명	100%
	〈사전교육〉 웰다잉교육	〈사전교육〉웰다잉교육 5회 진행 -8명×5회=40명	〈사전교육〉웰다잉교육 5회 진행 -5명×3회=15명 -7명×1회=7명 -8명×1회=8명 -총 30명(실인원 9명)	100%
	자서전 쓰기교육	자서전 쓰기 교육 15회 진행 -8명×15회=120명	자서전 쓰기 교육 15회 진행 -5명×3회=15명 -6명×6회=36명 -7명×4회=28명 -8명×2회=16명 -총 95명(실인원 9명)	100%
	출판기념회 및 사업종결식	출판기념회 및 사업종결식 1회 진행 -15명×1회=15명	출판기념회 및 사업종결식 1회 진행 -15명×1회=15명	100%
참여자 자조모임 라일락		참여자 자조모임 라일락 6회 진행 -8명×6회=48명	참여자 자조모임 라일락 3회 진행 -7명×1회=7명 -10명×2회=20명 -총 27명(실인원 11명)	50%
추억 나들이		추억나들이 1회 진행 -8명×1회=8명	추억나들이 1회 진행 -8명×1회=8명	100%

4) 계획대비 차이와 원인(해당 항목에만 기재)

구분	주요 차이 및 원인
사업 참여자	– 연령기준을 65세 이상 노인에서 60세 이상 노인으로 변경하여 진행했음. {OO000A-OOO(0000.00.00)} 관련 – 참여자 2명이 건강상태 악화 및 개인사정 등으로 프로그램 참여를 포기했으나 프로그램 참여를 원하는 참여자가 프로그램 중간에 새로 참여하여 최종 7명의 자서전을 출간했음. (총 실인원 9명)
사업 추진내용	– 참여자 모집 초반에는 선정기준 1순위에 부합하는 참여자 위주로 모집을 진행했으나 3년 이내 사별을 경험한 1인가구 모집이 원활하지 않아 모집 기준을 2순위, 3순위 등으로 완화하여 모집했음. 이에 참여자 모집기간이 길어지면서 사업 시작 시기가 지연됨. – 사업 시작 시기가 지연되면서 주 2회 진행 예정이었던 자서전 쓰기 교육을 주 4회로 변경하여 진행했음. – 자서전 쓰기 교육은 회기별로 주제를 선정하여 관련된 강의를 진행하고 각자의 이야기를 나누고 마지막으로 글을 쓸 계획이었으나 참여자들이 글을 쓰는 것에 대한 큰 부담감을 토로함. 이에 인터뷰 질문지를 사전에 배포하고 강사가 교육 시간에 참여자별로 인생 인터뷰를 진행, 이를 녹음하여 원고로 제작했음. 제작된 원고는 참여자와 담당자가 면담을 통해 수정 · 보완하여 출판사에 전달했음. – 참여자 원고 교정 및 양질의 자서전 출판물을 위해 12월 말일에 계획된 출판기념회 및 사업종결식을 진행했음.
산출목표	1. 참여자 자조모임은 월 2회, 총 6회기 진행할 계획이었으나 참여자들이 교육으로 인해 주 4회 복지관에 방문하면서 자주 만나게 되어 정기적인 교육 참여를 통해서도 참여자 간 공감대 형성, 친밀감 및 사회적 지지감을 높일 수 있어 회기 수를 조정했음.

● 사업의 효과

1) 영향력 및 기여도

- 〈사전교육〉 웰다잉 교육으로 현재까지 살아온 삶을 정리하고, 남은 삶과 죽음에 대해 준비하여 새로운 인생을 살 수 있도록 동기를 부여하였음.
- 사별로 인해 생긴 죽음에 대한 불안감과 우울감을 감소시켰음.
- 참여노인 간 공감대를 형성하여 친밀감을 높이고 사회적지지망을 구축했음.
- 자서전 출판을 통해 성취감과 자아효능감을 향상시켰음.

2) 주요 성공 사례

사례 1	참여자 김○○

프로그램에 참여한 김○○ 참여자는 2018년 갑작스럽게 배우자와 사별한 후 복지관 독서소모임 프로그램에 참여하고, 사회복지학을 공부하고, 손주들도 봐주면서 바쁘게 생활하고 있다고 했습니다. 김○○ 참여자는 프로그램 참여 초반 담당자와의 면담을 통해 바쁘게 생활을 하는 와중에도 "내가 이렇게 잘 살아도 될까? 오래 살기보다는 차라리 빨리 죽어야겠다"는 생각을 많이 했다고 말했습니다.

김○○ 참여자는 이번 프로그램에서 가장 나이가 어린 참여자였습니다. 그래서인지 프로그램을 진행할 때마다 다른 참여자들을 먼저 챙기기도 하고, 고령의 참여자들을 위해 직접 담요와 차를 챙겨오기도 하는 등 적극적이고 다정한 태도를 보여줬습니다. 김○○ 참여자는 다른 참여자들의 이야기를 들으면서 가장 많이 공감하기도 하고, 자주 울기도 했습니다. 그러한 일련의 과정을 거치면서 마지막 교육에서는 빨리 죽고싶은 마음만 있었는데 웰다잉교육을 받고, 자서전을 쓰고, 또 인생 선배들과 함께하는 시간을 가지면서 나 홀로 살아가는 방법에 대해 배우게 됐다고 하면서 남은 인생을 어떻게 하면 더 재미있고 즐겁게 살 수 있을지에 대한 행복한 고민을 하고 있다고 소감을 말하기도 했습니다. 담당자로서 김○희 참여자가 프로그램을 통해 인생을 살아가는 것에 대한 또 다른 즐거움과 본받을 수 있는 멘토들을 찾은 것 같아 기쁜 마음이 들었습니다.

이러한 김○○ 참여자의 유의미한 변화가 프로그램의 목적인 우울감 감소 및 삶의 질 향상에 부합하는 성공 사례라고 생각합니다.

사례 2	참여자 김○철

프로그램에 참여한 김○○ 참여자는 2021년 평생을 함께한 아내와 사별하고 나서 홀로서기에 적응하고 있었다고 합니다. 산악회에도 다니고 친구들과 주말농장도 하며 생활하고 있었지만, 집에 들어오면 집안 곳곳에 있는 아내의 흔적에 늘 우울했다고 합니다. 김○○ 참여자는 누군가의 소개로 프로그램에 참여한 것이 아니고, 지역 인터넷 카페에 게시되어 있는 프로그램 홍보물을 보고 직접 연락 후 방문하여 프로그램에 참여하였습니다. 복지관에 처음 방문하여 담당자와 면담을 할 때 아내의 이야기를 하면서 눈물을 흘릴 만큼 힘들어했습니다.

김○○ 참여자는 프로그램에 참여하는 동안 단 한 번도 지각과 결석을 하지 않았습니다. 프로그램에 참여자 중 유일한 남자였음에도 껄끄러워하지 않고 그 어떤 누구보다 성실하고 꾸준하게 참여하셨습니다. 강사님이 강의 중 지나가는 말로 추천하신 책을 사서 읽기도 하고, 혹여나 고령의 참여자들이 춥지 않을까 하는 걱정에 직접 전기난로를 챙겨오고 손난로를 사서 선물하기도 하는 등 참여자들과도 좋은 관계를 유지했습니다. 처음에는 자신의 속 이야기를 할 때마다 눈물을 보이거나 목이 메어 말을 하는 것을 힘들어하는 모습을 보였습니다. 하지만 프로그램에 참여하고 점점 마음을 열면서 아내와 즐거웠던 이야기, 슬펐던 이야기, 아내의 마지막 기억도 담담하게 이야기했습니다. 김○○ 참여자는 마지막 프로그램을 진행할 때 집에서 혼자 있을 때 늘 마음이 우울하고 힘들었었는데 프로그램에 참여해서 좋은 사람들과 좋은 말을 듣고, 함께 이야기하면서 조금은 마음이 편해졌고 너무나도 컸던 아내의 빈자리를 극복하고 어떻게 하면 혼자서도 잘 살 수 있는지에 대해 생각하게 됐다며 이 프로그램에 참여하기를 정말 잘했다는 소감을 말했습니다.

이러한 김○○ 참여자의 유의미한 변화가 프로그램의 목적인 우울감 감소 및 삶의 질 향상에 부합하는 성공 사례라고 생각합니다.

● 사업 및 예산변경 현황

- 해당사항 없음

● 기타 의견

- 사업수행기관의 질의에 대한 ○○사회복지공동모금회의 대응이 신속하여 사업을 수행하는 데 수월하였음.

● 자체평가 항목

구분	내용	yes	no	해당 없음
지원사업 관련 모금회 교육 참여 여부	수행기관 행정·회계교육	✔		
	사업 관련 간담회	✔		
사업 관련 문서 구비 현황	(전담인력이 있는 경우) 이력서, 근로계약서			✔
	사업 관련 내부기안	✔		
	프로그램별 계획서, 결과보고서	✔		
	사업 관련 각종 행사/회의록 및 결과보고(사진 자료 포함)	✔		
	참여자 선정 및 관리 파일 등	✔		
사업 관련 기본 절차 준수	사업 및 예산변경 절차 준수	✔		
	담당자/기관정보 등 변경 시 변경사항 통보			✔
보고서 제출 및 제출기한 준수	결과보고서 및 각종 요청자료 제출여부	✔		
	결과보고서 및 각종 요청자료에 대한 제출기한 준수여부	✔		

※ 별첨: 사진 자료

2. 사회적 지지 형성 프로그램

1) 사업계획서

● 개요

사업구분	지역사회조직기능-지역사회조직사업		
단위사업명	노인봉사동아리 활동을 통한 노인 및 지역주민의 사회적 지지망 형성 및 지역주민조직화사업 "라온누리 실버봉사단"		
담당자	○○○ / ○○○ / ○○○/ ○○○		
기간	2022년 1월 ~ 12월	예산	6,830,000

● 사업(프로그램) 계획

1) 사업(프로그램)의 필요성

- 사회적 지지(social support)란 "대인관계를 통해 개인의 정서나 행동에 유리한 결과를 갖도록 정보 조언, 구체적인 원조를 포괄한 개념"으로 개인 및 집단의 신체적 · 정서적인 건강상의 문제, 위기 등의 적응상의 문제, 사회적 분리, 독립 등으로 야기된 무력감의 문제 등을 이해하고 해결해 가기 위한 불가결한 요인이다(이철수, 2013).
- 사회적 지지 또는 사회적 지원의 근본적 체제에는 가족, 친구, 이웃 등의 자연 발생적으로 존재하는 지원체제, 자원봉사집단 등의 의도적으로 형성된 지원체제, 전문기관에 배치되어 있는 전문가 등의 사회 제도화되어 있는 지원체제가 있다.
- 현재 우리 복지관을 포함하여 ○○시의 사회복지시설에는 이러한 사회적 지지를 위한 활동에 다양한 자원봉사자, 후원자들이 참여하고 있으

며 이러한 인적자원(human capital)의 긍정적이고 적극적인 활동은 결국 지역사회, 지역주민의 삶의 질 향상에 직·간접적으로 긍정적인 영향을 미치므로 그들의 활동을 지원하고 독려한다면 전체 지역사회의 복지에 기여할 수 있어 다양한 방식으로 독려하는 노력이 필요하다.

- 한편, 우리 복지관의 이용자를 분석한 결과 60% 이상이 영유아 및 노인으로 나타났고, 우리 복지관이 위치한 ○○시 ○○○읍 및 북부권역은 노인 인구가 매우 많고, 저소득 등 보호가 필요한 노인 인구가 많아 식사지원, 안부확인, 건강관리 등의 보호서비스 및 다양한 교육문화 프로그램 욕구가 모두 높을 수밖에 없음을 알 수 있다.
- 무엇보다 1인 가구는 연령이 높아질수록 비율이 높으며, 정신적 고통, 경제적 빈곤, 사회적 고립 등 위기를 직면하기 쉬워서 우울증, 고독사 및 자살, 범죄 등과 같은 사회문제로 발전될 가능성이 높고, 이는 사회적 에너지(자원) 소진 및 사회통합을 저해하는 결과를 가져올 수 있다는 연구결과도 있다(藤森克彦, 2017).
- 이에 대한 대책으로 노인에게 개인적 역량강화와 새로운 지위와 역할을 부여하여 지역사회에 참여할 수 있도록 유도하는 것이 중요하다고 볼 수 있다.
- 우리 복지관에서는 본 지정기탁사업을 통해 숲해설, 원예, 민요, 동화구연 이렇게 4개의 노인 지역봉사단을 구성하여 노인 자신에게는 활동을 통한 역량강화 및 생활의 활력을, 봉사서비스를 이용하는 지역주민에게는 즐거움을 제공하여 결과적으로 사회적지지망을 구축하도록 함과 동시에 바람직한 지역사회 형성을 위한 주민조직화를 이루고자 본 사업을 기획하였다.

● 서비스 대상 및 실인원 수

	핵심 참여자	주변 참여자
동화구연단	"하하호호 은빛동화구연단" 8명 기존 3명 / 신규 5명	- ○○○읍 소재 영유아보육시설 및 유치원 등 6곳 이상 90명 영유아
민요봉사단	"얼쑤 민요봉사단" 7명	○○시 소재 지역복지시설, 요양시설 등 4곳 이상 60명 지역주민
원예봉사단	넝쿨봉사단(원예) 8명	○○○읍 소재 어린이집 1곳 35명 영유아
숲해설 봉사단	- 숲해설 봉사단 "솔방울" 8명(신규양성)	- ○○○읍 소재 영유아보육시설, 유치원, 요양원 등 1곳 이상 30명 영유아 또는 노인

● 사업(프로그램) 산출목표 및 내용

세부사업명	활동 내용(수행방법)	산출 목표
오리엔테이션	- 4개 봉사단이 모두 참여하는 오리엔테이션 - 사업설명 및 봉사단 소개 - 연중 계획 소개 및 의견 나누기(욕구파악) - 참여자의 의지와 목표의식 형성 - 친교 및 인맥 형성 - 라포 형성을 포함함	4월 중 - 25명×1회
평가회	- 4개 봉사단이 모두 참여하는 사업평가회 - 참여자의 만족도 및 유능감 향상 - 친교 및 인맥 형성 - 라포 형성을 포함함	12월 중 - 25명×1회
동화구연 봉사단 "하하호호 은빛동화 구연단"	**4기 양성과정** - 신규 동화구연가 5명 양성 - 4월~7월, 12주 이상 교육 진행(색동회연계) - 3월 중 신규자 모집(소셜미디어, 시청, 아파트, 교회, 성당 등 중심으로) - 기존 참여자도 보수교육 차원으로 함께 참여	4월~7월 - 8명×주 1회×4주×12회
	간담회 - 구성원 간 정서적, 사회적 지지 체계 형성(친목도모) - 동화구연활동 준비 - 월간 활동계획 및 평가, 기타 논의 등 진행	4월~12월 - 핵심 참여자: 8명×8회
	동화구연활동 - 어린이집, 유치원 등 지역 내 보육기관 등 6곳을 대상으로 월 1회, 총 8회 이상 동화구연 - 신규 동화구연가 양성 전에는 기존 동화구연가 3명으로 구성 * 참여 예상 아동: 기관당 15명 이상	4월~7월/ 9월~12월 - 핵심 참여자: 1명×8회×8곳 - 주변 참여자: 15명×8회×6곳

민요봉사단 "얼쑤"	**보수교육** – 민요봉사단 참여자 대상 보수교육 총 31회기 진행 – 민요 교육 및 정기적 연습	3월~7월 / 9월~12월 – 7명×주 1회×31회
	간담회 – 반기1회 구성원 간 정서적, 사회적 지지 체계 형성 (친목도모) – 민요봉사활동 준비 – 활동계획 및 평가, 기타 논의 등 진행	3월~12월 – 10명×2회(반기 1회)
	재능나눔활동 지역복지시설, 요양시설 등 4곳을 대상으로 연 1회 이상 재능나눔활동 진행 * 참여 예상 지역주민: 기관당 15명 이상	3월~12월 – 핵심 참여자: 7명×4곳 – 주변 참여자: 15명×4곳
넝쿨봉사단 (원예)	**간담회 및 지지격려** – 구성원 간 정서적, 사회적 지지 체계 형성(친목도모) – 원예 및 공방 관련 자체 실습활동 – 활동계획 및 평가, 기타 논의 등 진행	3월~12월 – 8명×분기별 1회 (총 3회)
	재능나눔활동 – 어린이집 1곳을 선정하여 소속 아동 대상으로 월 1회 재능나눔활동 진행 * 참여 예상 아동: 35명 이상	4월~12월 – 35명×1곳
숲해설 봉사단 "솔방울"	**신규 숲해설가 양성과정** – 신규 숲해설가 8명 양성 – 4월~9월, 월 2회 총 12회기 교육 진행 – 교육 진행 후 산림청 '숲사랑지도원' 자격 취득 – 3월 중 신규참여자 모집(소셜미디어, 시청, 아파트, 교회, 성당 등 중심으로)	4월~9월 – 8명×월 2회 ×6개월
	간담회 – 숲해설가 양성교육에 필요한 재료 준비 – 활동 전반에 대한 논의 진행 – 구성원 간 정서적, 사회적 지지 체계 형성(친목도모) – 숲해설활동 준비	4월~12월 – 8명×월 1회×9회
	숲해설 활동 – 어린이집, 유치원, 요양원 등 1곳을 대상으로 월 1회, 총 2회 숲해설 활동 진행 – 신규 숲해설가 양성으로 하반기에 진행 – 참여 예상 인원: 기관당 15명 이상	10월~11월 – 핵심 참여자: 4명×2회×2곳 (보조진행자 포함) – 주변 참여자: 15명×2회×2곳

● 목표에 대한 평가방법

세부목표		목표에 대한 평가방법			
		성과지표	자료원	자료수집방법	수집 시기
동화구연	핵심 및 주변 참여자 모두의 만족도 및 유능감 향상	프로그램 활동기록지 등 자료	복지관 자체조사	프로그램 활동기록지	프로그램 참여 후
		만족도조사지	프로그램 진행 후 만족도 조사	만족도 조사지	
민요	핵심 및 주변 참여자 모두의 만족도 및 유능감 향상	프로그램 과정기록지 등 자료	복지관 자체조사	프로그램 과정기록지	프로그램 참여 후
		만족도조사지	프로그램 진행 후 만족도 조사	만족도 조사지	
숲해설	동아리 참여를 통한 역량강화 및 유능감 향상	숲해설 양성교육 참여 정도 및 숲해설 양성교육 내용 습득 정도	복지관 자체조사	프로그램 활동기록지, 출석부	프로그램 참여 후
		숲사랑 지도원 자격 취득율 80% 이상	자격증(산림청)	기록 및 관찰	프로그램 종료 후
원예	봉사단 활동을 통한 공동체의식 함양	각 동아리의 내용 습득 정도, 동아리 원들의 간담회 및 봉사활동 참여율 정도	활동일지, 출석부 등 활동자료	기록 및 관찰	프로그램 종류 후

● 담당인력구성

이름(역할)	담당부서/직위	경력(년)/주요업무	신청사업 관련 자격증
○○○(슈퍼바이저)	관장		
○○○(담당)	복지사업과장		
○○○(민요)	팀장		
○○○(넝쿨)	사회복지사		
○○○(숲)	사회복지사		

사업 진행 일정

활동 \ 기간		1월	2월	3월	4월	5월	6월	7월	8월	9월	10월	11월	12월
오리엔테이션													
동화구연	4기 양성과정(모집포함)												
	간담회												
	동화구연활동												
민요	보수교육												
	간담회												
	재능나눔활동												
숲해설	신규 숲해설가 양성(모집포함)												
	간담회												
	숲해설 활동												
넝쿨봉사단(원예)	간담회 및 지지격려												
	재능나눔활동												
사업보고회													

홍보계획

대상	홍보방법 및 횟수	활용매체	비고
프로그램 참여자	복지관 홈페이지를 활용하여 사업 홍보 및 참여자 모집	인터넷 등	

예산

1) 총예산: 6,830,000원
2) 지출원: 지정후원금
3) 세부예산

관	사업비				
항	지역사회조직기능				
목	세목		계	산출근거	자금 원천
					후원금
	총 계				
라온 누리 실버 봉사단	동화 구연	4기 양성 과정	1,800,000	- 강사비 70,000원×12회 / 30,000원×12회 = 1,200,000원 - 다과비 6,000원×8명×12회=480,000원 - 기타 진행비 120,000원	1,800,000
		간담회	640,000	- 식사비 10,000원×8명×8회=640,000	640,000
	민요	보수 교육	1,550,000	강사비 50,000원×31회=1,550,000원	1,550,000
		간담회	200,000	- 식사비 10,000원×10명×2회=200,000원	200,000
	숲 해설	양성 교육	1,388,000	- 강사비 50,000원×2시간×12회기=1,200,000원 - 재료비 11,500원×8명=92,000원 - 다과비 3,000원×8명×4회=96,000원	1,388,000
		재능 나눔 활동	56,000	- 활동진행비 28,000원×2회=56,000원 (재료비, 다과비 등)	56,000
		간담회	196,000	- 식비 10,000원×10명×1회=100,000원 - 다과비 3,000원×8명×4회=96,000원	196,000
	넝쿨봉사단 (원예)		1,000,000	- 간담회 및 지지격려(식사비 및 자체실습비) 10,000원×8명×3회= 240,000원 - 재능나눔활동 재료비(원예 및 공방재료)=760,000원	1,000,000

REFERENCE

참고문헌

가영희, 성낙돈, 안병환, 임성우(2017). **성인학습 및 상담**. 서울: 동문사.

강선보(1997). 죽음에 관한 교육적 논의. **사대논집, 21**, 1-17.

강선보(2003). 실존주의 철학에서 본 죽음과 교육. **교육문제연구, 19**, 1-23.

고광석(2016). **이슬람, 기독교와 뿌리가 같은가?**. 서울: 엔크.

공일주(2015). **이슬람과 IS**. 서울: 기독교문서선교회.

구희정(2023). 내러티브에 기초한 성인후기 기독교 죽음교육. 장로회신학대학교 대학원 석사학위논문.

국가평생교육진흥원(2022). **2021 평생교육백서**.

권두승, 조아미(2016). **평생학습사회 실현을 위한 성인학습 및 상담**(3판). 경기: 교육과학사.

기영화, 김남숙, 김선주, 성정은(2010). **시니어 문화예술교육 모델 발굴 연구**. 서울: 한국문화예술교육진흥원.

기영화, 최성우, 이기성, 전주성, 박경실, 전기선, 진규동, 한우섭, 최영준, 김대식, 김주섭, 송민열, 신재홍, 최용범(2013). **평생교육론**. 서울: 학지사.

길태영(2016). 통합된 죽음준비교육 프로그램이 장애노인의 죽음에 대한 태도와 삶이 의미에 미치는 영향. 대전대학교 대학원 박사학위논문.

김경은(2020). 택지개발지구 내 초·중학교 시설의 활용 및 복합화 방안에 관한 연구. 공주대학교 대학원 석사학위논문.

김남웅(2016). 노인의 죽음불안이 자살생각에 미치는 영향에서 영성 조절 효과. 서울기독교대학교 대학원 박사학위논문.

김대동(2005). 실존주의 상담에서의 죽음의 의미와 상담교육적 기능에 관한 연구. 연세대학교 대학원 박사학위논문.

김동일, 이미나, 윤은경, 김병남, 이영미(2021). **문화예술교육론**. 서울: 동문사.

김동일, 이미나, 임형택(2022). **성인교육을 위한 성인학습 및 상담**. 서울: 동문사.

김미희(2013). 로고테라피를 활용한 기독교 well-dying 교육 연구. 고신대학교 대학원 석사학위논문.
김수경, 김은화, 박경화, 신재균, 이미나, 정선희(2019). **임상미술치료 이론과 실제**. 경기: 공동체.
김윤재, 이주용(2017). **노인교육론**. 경기: 정민사.
김정호, 김선주(2002). **스트레스의 이해와 관리**. 서울: 도서출판 아름다운 세상.
김호귀(2016). **육조대사법보단경**. 경기: 한국학술정보.
노진철(2014). 불확실성 시대의 위험과 국가의 역할. **헌법실무연구, 15**, 440-499.
마은종(2015). 볼르노 철학에서 죽음과 교육의 관계. **한국교육문제연구, 33**(3), 1-19.
문영화(2018). 웰다잉 프로그램을 적용한 집단미술치료가 노인의 죽음 불안 및 죽음인식에 미치는 효과. 한양대학교 예술디자인대학원 석사학위논문.
문종린(2023). **인문학, 라이프스타일을 제안하다**. 경기: 넥서스.
박동섭(2013). 생전유언의 법리와 제도 연구. 연세대학교 대학원 박사학위논문.
박병현, 김수영(2018). **위험사회의 도래와 재난복지(재난사회복지)**. 경기: 공동체.
박선영(2008). 한국과 서양의 장례 꽃장식 비교분석 및 선호도 조사. 경희대학교 아트퓨전디자인대학원 석사학위논문.
박언하, 최종욱(2010). 자살 관련 미디어 노출 빈도에 따른 유아의 죽음 불안의 차이 연구. **미래유아교육학회지, 17**(1), 387-403.
박주영(2019). 죽음준비가 노인 생활 만족도에 미치는 영향. 성균관대학교 사회복지대학원 석사학위논문.
박지원(2021). 애도의 페다고지: 주디스 버틀러의 '취약성'과 '공거의 윤리'를 중심으로. 부산대학교 대학원 박사학위논문.
박진규(2015). **청소년문화**. 서울 : 학지사.
박찬희(2021). **너와 함께**. 서울: 아이앤북.
배영기(2006). **죽음에 대한 문화적 이해: 살아 있는 사람들이 알고 싶은 죽음의 세계**. 경기: 한국학술정보.
변미경, 현혜진, 박선정, 최은영(2017). 웰다잉 프로그램이 노인의 삶의 의미, 자기효능감 및 성공적 노화에 미치는 효과. **한국산학기술학회논문지, 18**(10), 413-422.
변비조(2016). 노인요양종사자의 죽음과 웰다잉인식이 임종간호수행에 미치는 영향. 대구한의대학교대학원 박사학위논문.
서창립(2015). 구약의 사후세계관(死後世界觀)과 그에 영향을 끼친 고대 근동의 관념: 고대 수메르/아카드와 이집트를 중심으로. 장로회신학대학교 신학대학원 석사학위논문.

손정화(2020). 노인의 웰다잉 인식이 삶의 질에 미치는 영향: 자아통합감과 사회적지지의 매개효과를 중심으로. 영남대학교 대학원 석사학위논문.

송세현(2010). 원불교인의 죽음준비와 웰다잉 인식. 한양대학교 임상간호정보대학원 석사학위논문.

신교남, 이병승(2013). 하이데거의 존재론에 나타난 죽음의 현상학적 의미와 죽음교육. **교육철학, 50**, 219-242.

신교남(2018). 실존주의 철학에서의 죽음 이해와 죽음교육. 공주대학교 대학원 박사학위논문.

신성철, 신종우, 정희정, 김윤진(2015). **청소년문화론**. 경기: 정민사.

신소린(2022). 근거이론에 의거한 소통형 죽음준비 연구: 사회 환경 속 상호작용적 관점에서. 한국방송통신대학교 대학원 석사학위논문.

심은정, 김은영, 변복수, 석미정, 최혜경(2013). **20대를 위한 심리학: 자기 성장 노트**. 서울: 숭실대학교 출판국.

양옥남, 김혜경, 박화옥, 정순돌(2016). **노인복지론**. 경기: 공동체.

양효실(2014). 타자와 실패의 윤리: 주디스 버틀러와 엘리자베스 코스텔로의 교차로에서. **시대와 철학 25**(4), 41-72.

엄소라(2021). 노인의 문화예술교육을 통한 문화예술 참여 활성화 방안 질적 연구. 중앙대학교 예술대학원 석사학위논문.

엄휘정(2017). 지역 무용 활성화를 위한 문화예술교육 연구. 단국대학교 대학원 석사학위논문.

오진원, 추덕영(2017). **문화마다 달라요: 세계의 장례**. 서울: 현암사.

오진탁(2007). **마지막 선물: 웰다잉 Well-Dying, 죽음이 가르쳐주는 삶의 지혜들**. 서울: 세종서적.

오현주(2021). 액티브시니어를 위한 인문예술교육 프로그램 연구. 경희사이버 문화창조대학원 석사학위논문.

우장수(2014). 유대교-기독교-통일교의 죽음 문화 비교 연구. 선문대학교 신학전문대학원 석사학위논문.

우정현(2010). 이슬람의 선교 전략과 한국교회의 대응방향. 대신대학교 신학대학원 석사학위논문.

우정길(1997). 죽음교육에 대한 실존주의적 고찰. 고려대학교 대학원 석사학위논문.

육성필, 이윤호, 남옥남(2019). **위기의 이해와 개입: 현장에서의 위기개입매뉴얼**. 서울: 피와이메이트.

육성필(2007). 청소년의 자살의 이해. **스트레스硏究, 15**(2), 107-111.

윤영호(2008). 품위 있는 죽음과 호스피스, 완화의료에 대한 일반 국민들의 태도. **호스피스·완화의료학회지, 7**(1), 45.

윤진(2003). **성인·노인심리학: 성인기 이후의 발달과 노화과정**. 서울: 중앙적성출판사.

이경신(2016). **죽음연습: 잘 늙고 잘 죽는 것을 넘어 잘 사는 것에 대한 사색**. 경기: 동녘.

이동윤, 강선보(2019). **죽음교육의 필요성(죽음과 교육)**. 서울: 동문사.

이미나, 김경숙, 박정인(2022). **위기상담의 이론과 실제**. 서울: 동문사.

이인정, 최혜경(1995). **인간행동과 사회환경**. 서울: 나남출판.

이철수(2013). **사회복지학 사전**. 경기: 혜민북스.

이해영(2019). **노인복지론**(제5판). 서울: 창지사.

이현림, 김지혜(2006). **성인학습 및 상담**(2판). 서울: 학지사.

이혜경(2017). 웰다잉 준비교육 프로그램의 개발과 효과. 목포대학교 대학원 박사학위논문.

이효주(2003). 성인학습 이론과 교회 성인교육 프로그램 개발의 실제. 목원대학교 대학원 석사학위논문.

임송자, 송선희(2012). 죽음에 대한 태도가 죽음불안에 미치는 영향. **한국콘텐츠학회논문지, 12**(5), 243-255.

임송자(2012). 죽음준비교육이 죽음에 대한 태도와 죽음불안 및 삶의 만족도에 미치는 영향. 호서대학교 벤처전문대학원 박사학위논문.

임철규(2012). **죽음**. 서울: 한길사.

장지원(2014). 플라톤 철학에서 죽음의 교육적 함의. **교육학연구, 52**(2), 147-166.

장현갑, 강성군(2003). **스트레스와 정신건강**. 서울: 학지시.

전병술(2015). 한국에서의 죽음학. **동양철학, 44**, 55-73.

정다원(2021). 웰다잉프로그램이 노인의 죽음준비와 웰다잉 인식에 미치는 효과. 대구한의대학교 대학원 석사학위논문.

정동호, 김귀룡, 조대호, 김정현, 백승영, 박찬국, 신옥희, 안상헌, 이정우, 박원재, 정상봉(2012). **철학, 죽음을 말하다**. 경기: 산해.

정상수, 김동환, 김철진, 정영민, 문정란(2018). 노인복지론. 경기: 정민사.

정수봉, 금명숙, 이준영, 신승아(2000). **2021 에듀윌 스포츠지도사**. 서울: 에듀윌.

정순태(2016). 연명의료결정제도의 개선 및 활용성 제고 방안. 대구한의대학교 대학원 박사학위논문.

정옥분(2009). **성인발달의 이해: 성인·노인심리학**. 서울: 학지사.

정옥분(2021). 발달심리학: 전생애 인간발달(3판). 서울: 학지사.

정운경(2015). 웰다잉 프로그램과 노인의 삶의질, 죽음불안과 자아통합감의 관계연구. 서울벤처대학원대학교 박사학위논문.

정지범, 김근세, 김은성, 성기환, 안철현, 최상옥(2009). 위기관리의 협력적 거버넌스 구축. 경기: 법문사.

조계화, 이윤주, 이현지(2006). 더 좋은 삶: 삶을 강화하는 죽음 이야기. 경기: 양서원.

조만형(2022). 현대인에게 꼭 필요한 생활속의 법. 서울 : 박영사.

조성희, 정영순(2015). 죽음준비교육이 노년기 죽음불안에 미치는 영향: 자아통합감의 매개효과를 중심으로. 노인복지연구, 70, 319-347.

조원규(2015). 웰다잉의 이해와 실천. 서울: 도서출판 책과 나무.

진병문, 박재영, 안대명, 윤혜경(2017). 재난안전. 서울: 북스힐.

최길성(1994). 한국무속의 이해. 서울: 예전사.

최성재, 장인협(2006). 노인복지학. 서울: 서울대학교출판부.

최영길(2009). 성 꾸란: 의미의 한국어 번역. 파하드 국왕 꾸란 출판청.

최영길(2010). 꾸란 주해. 서울: 세창.

최영숙(2019). 웰다잉. 천안: 대한웰다잉협회.

최옥선(1996). 현대교육의 과제로서 죽음의 문제. 교육철학연구, 14(2), 90-114.

최정남(2015). 시니어 문화예술학습욕구가 학습만족도와 행동의도에 미치는 영향. 전남대학교 문화전문대학원 석사학위논문.

최종호(2012). 키에르케고르의 인간이해에 대한 교육학적 성찰. 기독교교육정보, 35, 361-384.

최준식(2020). 너무 늦기 전에 들어야 할 임종학 강의: 아름다운 삶을 위한 죽음 공부. 서울: 김영사.

하정미(2011). 상담가의 자살예방 사이버상담 경험에 관한 연구. 부산대학교 대학원 박사학위논문.

한국생명존중희망재단(2022). 2022 자살예방백서. 세종: 보건복지부.

한성열(2019). 불교 죽음관과 상장례의 콘텐츠화 연구. 원광대학교 대학원 박사학위논문.

한수정(2020). 시니어교육과 문화예술교육 평생학습 시대의 문화예술교육론. 경기: 어가.

허정무(2011). 노인교육학개론. 경기: 양서원.

황인수, 김미안, 이진경(2019). 좋은 죽음 나쁜 죽음 : EBS 다큐프라임 생사탐구 대기획 'Death'. 서울: 책담.

橋田壽賀子(2017). 安楽死で死なせて下さい. 김정환 역(2018). **나답게 살다 나답게 죽고 싶다: 품위 있는 죽음을 위한 종활 일기**. 경기: 21세기북스.

藤森克彦(2017). 単身急増社会の希望: 支え合う社会を構築するために. 東京: 日本経済新聞出版社. 김수홍, 유재상 역(2018). **1인가구 사회: 일본의 충격과 대응**. 경기: 나남.

Auten, Anne.(1982). Why teach death education?. *Journal of Reading, 25*(6), 602-605.

Choron, J.(1963). *Death and Western Thought*. N.Y.: Collier Books.

Christakis, Nicholas A & Fowler, James H. (2009). *Connected: the surprising power of our social networks and how they shape our lives*. New York: Little, Brown and Co. 이충호 역(2010). **행복은 전염된다**. 경기: 김영사.

Costa, P. T. & McCrae, R. R. (1989). *Personality continutiy and the changes of adult life. In M. Storandt & G. R. VandenBos(Eds.), The adult years: Continuity and change*. Washington, DC: American Psychological Association.

Deeken, A. (2001). *生と死の教育*. 東京: 岩波書店. 전성곤 역(2008). **인문학으로서의 죽음교육**. 경기: 인간사랑.

Despelder, L. A. & Strickland, A. L. (2005). *The Last Dance: Encountering Death and Dying*(7th ed). 이기숙, 임병윤 역(2010). **죽음: 인생의 마지막 춤**. 서울: 창지사.

Dillard, J. & L. A. Hirchman. (2002). *The chronic pain solution*. New York: Bantam.

Durkheim, Emile. (1987). *Le Suicide*. Paris: Presses Universitaires de France. 김충선 역(1994). **자살론**. 경기: 청아출판사.

Ernest Becker

Feifel, Herman. (1959). *The meaning of death*. New York: Blakiston Division, McGraw-Hill.

Fonseca, L. M. & Testoni, L. (2011). The emergence of Thanatology and current practice in death education. *Omega, 64*(2), 157-169.

Frankl, V. E. (1969). *The Will to Meaning*. NY: New American Library. 김충선 역(1995). **삶의 의미를 찾아서**. 서울: 청아출판사.

Fred Luskin. (2002). *Forgive for good: a proven prescription for health and happiness*. San Francisco: HarperSanFrancisco. 장현숙 역(2014). **나를 위한 선택: 용서**. 서울: 알에이치코리아,

Freud, S. (1917). Mourning and Melancholia. *SE, 14*, 243-258.

Gawande, Atul. (2014). *Being mortal: medicine and what matters in the end*. New York: Metropolitan Books. 김희정 역(2022). **어떻게 죽을 것인가: 현대 의학이 놓치고 있는 삶의 마지막 순간**. 서울: 부키.

Glazer, H. R. & Landreth, G. L. (1993), A developmental concept of dying in a child's life. *Journal of Humanistic Education and Development, 31*, 98-105.

Hans, W. W. (1973). *Anthropologie des Alten Testaments*. Munchen: Kaiser. 문희석 역(1993). **구약성서의 인간학**. 서울: 대한기독교출판사.

Heidegger, Martin. (1979). *Sein und zeit*. Tubingen: Max Niemeyer Verlag. 이기상 역(2013). **존재와 시간: 인간은 죽음을 향한 존재**. 경기: 살림.

Higgins, S. (1999). Death Education in the Primary School. *International Journal of Children's Spirituality, 4*(1), 77-90.

Jones, C. J. & Meredigh. (2000). *Developmental paths of psychological health from early adolescence to later adulthood*. Psychology and Aging.

Kabat-Zinn, J. (1990). *Full catastrophe Living: Using the wisdom of your body and mind to face stress, pain, and illness*. New York: Delta.

Kabat-Zinn. Jon. (2018). *Meditation is not what you think : mindfulness and why it is so important*. New York: Hachette Books. 안희영, 김정화 역(2022). **존 카밧진이 이야기하는 당신이 모르는 마음챙김 명상**. 서울: 학지사.

Kierkegaard. S. (1849). *Sygdommen til Døden*. Dänemark: Kopenhagen. 임춘갑 역(2011). **죽음에 이르는 병**. 서울: 치우.

Kübler-Ross, E. (1969). *On death and dying: what the dying have to teach doctors, nurses, clergy and their own families*. New York: Scribner. 이진 역(2018). **죽음과 죽어감**. 서울: 청미.

Lacina, K. (2009). *Tod*. Wien: Facultas. 김혜숙 역(2014). **죽음**. 서울: 이론과 실천.

Lee, G. R., DeMaris, A., Bavin, S. & Sullivan, R. (2001). Gender differences in the depressive effect of widowhood in later life. *The Journals of Gerontology: Social Science, 56*(1), S56-S62.

Levinson, D. J., Darrow, C. N., Klein, E. B., Levinson, M. H., McKee, B. (1978). *The Seasons of a man's life*. New York: Ballantine.

Loevinger, J., Wessler, R., Redmore, C. (1970). *Measuring ego development*(vols. 1-2). San Francisco: Jossey-Bass.

Lynn, J. & Harrold, J. K. (1999). *Handbook for mortals: guidance for people facing serious illness*. New York: Oxford University Press. 주형규, 오상은 역(2007). 죽음을 대비하라. 서울: 군자출판사.

Maris, Ronald W., Alan L. Berman, & Morton M. Silverman. (2000). *Comprehensive Textbook of Suicidology*. New York: The Guilford Press.

Menninger, Karl A. (1966). *Man Against Himself*. New York: Harcourt, Brace & World.

Mortimer, P. M., Ward, L. & Winefield, H. (2008). Sussessful Ageing by whose Definition: Views of Older, Spiritually Affiliated Women. *Australasian Journal on Ageing, 27*(4), 200-204.

Puolimatka, T. & Solasaari, U. (2006). Education for death. *Educational philosophy and theory, 38*(2), 201-213.

Reeves, J. L., II, Graff-Radford, S. B. & Shipman, D. (2004). The effects of transcutaneous electrical nerve stimulation on experimental pain and sympathetic nervous system response. *Pain Medicine, 5*, 150–161.

Roland de Vaux. (1960). *Das Alte Testament und seine Lebensordnungen*. Freiburg: Herder. 이양구 역(2003). 구약시대의 생활풍속. 서울: 대한기독교출판사.

Roland Schulz. (2018). *So sterben wir: unser Ende und was wir darüber wissen sollten*. München: Piper. 노선정 역(2019). 죽음의 에티켓: 나 자신과 사랑하는 이의 죽음에 대한 모든 것. 서울: 교보문고.

Rosow. (1967). *Social Integration of the Aged*. New York: Free press

Ryff, C. D. (1984). Personality development from the inside: The subjective experience of change in adulthood and aging. In P. B. Baltes & O. G. Brim, Jr. (Eds.), *Life-span development and behavior*, 6(pp. 243-279). Orlando, FL: Academic Press.

Schaie, C. D. (1990). Intellectual development in adulthood. In J. E. Birren & K. W. Schaie(Eds.), *Handbook of the psychology of againg*(3rd ed.), New York: Academic Press.

Schaie, K. Warner & Parham, Iris A. (1976). Stability of adult personality traits: Fact or fable?. American Psychological Association. *Journal of personality and social psychology, 34*(1), 146-158.

Shneidman, E. S. (1985). *Definition of Suicide*. New York: Harperand Row.

Sri Vengadesh, G., Sistla, S. C. & Smile, S. R.(2005). Postoperative pain relief following abdominal operations: A prospective randomised study of comparison of patient controlled analgesia with conventional parental opioids. *Indian Journal of Surgery, 67*, 34-37.

Strehler, B. L.(1977). *Time, Cells and Aging*(2nd ed.). New York: Academic Press.

Stroebe, M. S. & Schut, H.(1999). The dual process model of coping with bereavement: Rationale and description. *Death Studies, 23*, 197-224.

Stroebe, M. S., Abakoumkin, G., Stroebe, W. & Schut, H.(2012). Continuing bonds in adjustment to bereavement: Impact of abrupt versus gradual separation. *Personal Relationships, 19*(2), 255-266.

TENS: Transcutaneous Electrical Nerve Stimulation

Tisdale, Sallie.(2019). *Advice for future corpses : practical perspective on death and dying*. New York: Gallery Books, 박미경 역(2019). **인생의 마지막 순간에서: 죽음과 죽어감에 관한 실질적 조언**. 서울: Being.

Ulrich Beck.(1986). *Risikogesellschaft: Auf dem Weg in eine andere Moderne*. Frankfurt am Main: Suhrkamp. 홍성태 역(1997). **위험사회: 새로운 근대(성)를 향하여**. 서울: 새물결.

Volkan, V.(1981). *Linking Objects and Linking Phenomena*. New York: Int. Univ. Press.

Worden, J. W.(2002). *Grief counseling and grief therapy*. 이범수 역(2016). **유족의 사별애도 상담과 치료**. 서울: 도서출판 해조음.

Worden, J. W.(2018). *GRIEF COUNSELING AND GRIEF THERAPY :A Handbook for the Mental Health Practitioner FIFTH EDITION*. NY: Spriger Publishing Company.

YTN(2019.06.21). 12주 이내 낙태는 '기소 유예'… 검찰, 기준 마련. https://www.ytn.co.kr.

국가평생교육진흥원(2022). 2021 평생교육백서. https://thewiki.kr/w/%EA%B3%A0%EB%A0%B9%ED%99%94.

굿뉴스데일리(2013.11.15.). 노래하고 춤추는 장례식. https://www.gndaily.kr/news

다음백과사전(2023). 하데스. https://100.daum.net

대한민국 정보 대표 블로그 '정책공감'. https://blog.naver.com.

데이미언(2023.04.16.). 세월호 참사, 마지막 메시지. http://demian.tistory.com/85

두산백과 두피디아(2023). 노년기. http://www.doopedia.co.kr.
머니투데이(2013.02.18.). 대구지하철 참사 10주년, 그들이 보낸 마지막 문자는. https://news.mt.co.kr.
모자보건법(2022). https://www.law.go.kr.
무등일보(2020.12.23.). 조현종 박사의 고고학 산책〈20〉 인도네시아 토라자족의 입석. http://m.mdilbo.com/detail/swOMvU/636960
보건복지부(2022). 보도자료: 2021년 자살사망자 1만 3,352명, 지난해 대비 소폭 증가. 세종: 보건복지부.
세계일보(2019.3.22.). 뉴질랜드에선 왜 테러 희생자를 애도하며 하카 춤을 출까. https://n.news.naver.com/mnews/article/022/0003348773
세종포스트(2016.12.02.). 스틱스강 너머 죽은 자들의 세계. http://www.sjpost.co.kr.
연합뉴스(2017.05.08). 은퇴 못 하는 노년층…75세 이상 고용률, OECD 5년째 1위. https://www.yna.co.kr.
연합뉴스(2017.12.17). 일본서 '드라이브 스루' 장례식장 등장. https://www.yna.co.kr.
위키백과(2023). 길가메시. https://ko.wikipedia.org
재난 및 안전관리 기본법(2023). https://www.law.go.kr
제주인뉴스(2009.06.21.). 인도 힌두교의 장례식(화장) 문화. http://www.jejuinnews.co.kr/news/articleView.html?idxno=4436.
조선일보(2018.11.2.). 유대교 추모식에선 왜 돌을 올려놓을까 https://www.chosun.com.
조선일보(2023.1.3.). [주경철의 히스토리아 노바 - 82] 인류 최초의 시사시, 길가메시 https://www.chosun.com/opinion/specialist_column/2023/01/03/VM4Z42PU5RCL7IK36EFJRS5BXE/.
중부일보(2017.12.17.). 편리하긴 하겠지만… 차에 탄 채로 조문하는 장례식장 등장. http://www.joongboo.com/news/articleView.html?idxno=1214952
중앙자살예방센터(2019). https://m.post.naver.com
코리아플러스(2022.08.22.). "불로장생"을 꿈꾸었던 진시황. http://www.kplus.kr/news/articleView.html?idxno=435725.
통계청(2021). 장래인구추계 통계정보보고서. 대전: 통계청.
통계청(2022). 보도자료: 2021년 사망원인통계 결과. 대전: 통계청.
표준국어대사전(2023). https://stdict.korean.go.kr

한겨레신문(2017.11.22). 일본 대기업 사장의 생전 장례식…고령화 사회의 '종활' 바람. http://www.hani.co.kr.

https://thewiki.kr/w/%EA%B3%A0%EB%A0%B9%ED%99%94

https://blog.naver.com/woogy68/140141543283.

http://contents.kocw.or.kr/contents3/html/eduup/2010/07/07/chap01/term.htm

AUTHOR 저자소개

김동일 교육학박사

현) 광신대학교 초빙교수

현) 주식회사 토브컴퍼니 전임강사

전) 티엔글로벌 및 광주인재개발원 강사, 초당대학교 외래교수

류철식 사회복지학 박사 수료

현) 한국영상대학교 겸임교수

현) 세종종합사회복지관 관장

전) 사회복지법인 세종중앙 대표이사

박임선 교육학박사, 심리학박사 수료

현) 광신대학교 부설 행복연구소 연구위원

전) 신일평생교육원 원장

전) 신일지역아동센터 센터장

김병남 교육학박사

현) 디딤상담교육연구소장

현) 웰다잉지도사, 노인통합교육지도사, 평생교육사

노인교육을 위한

웰빙과 웰다잉 그리고 웰에이징

초판 1쇄 인쇄 / 2023년 9월 1일
초판 1쇄 발행 / 2023년 9월 5일

●

공저자 / 김동일 · 류철식
박임선 · 김병남
발행인 / 이　중　수
발행처 / **동　문　사**

●

서울특별시 서대문구 홍제원 1길 12
(홍제동 137-8)
Tel: 02)736-3718(대), 736-3710, 3720
Fax: 02)736-3719
등록번호: 1974.04.27. 제9-17호
가격: 16,000원

●

ISBN: 979-11-6328-540-3 (93370)
E-mail: dong736@naver.com
www.dongmunsa.com

저자와의 합의하에 인지는 생략합니다.